# 父母是孩子的
# 引领者

李建军◎编著

北方妇女儿童出版社

·长春·

**图书在版编目（CIP）数据**

父母是孩子的引领者 / 李建军编著 . -- 长春：北方妇女儿童出版社，2023.7

ISBN 978-7-5585-6691-2

Ⅰ . ①父… Ⅱ . ①李… Ⅲ . ①家庭教育 Ⅳ . ① G78

中国版本图书馆 CIP 数据核字 (2022) 第 183123 号

父母是孩子的引领者
FUMU SHI HAIZI DE YINLINGZHE

| | |
|---|---|
| 出 版 人 | 师晓晖 |
| 策 划 人 | 陶　然 |
| 责任编辑 | 关　巍 |
| 封面设计 | 鑫同天成 |
| 开　　本 | 710mm×1000mm　1/16 |
| 印　　张 | 10 |
| 字　　数 | 84 千字 |
| 版　　次 | 2023 年 7 月第 1 版 |
| 印　　次 | 2023 年 7 月第 1 次印刷 |
| 印　　刷 | 旭辉印务（天津）有限公司 |
| 出　　版 | 北方妇女儿童出版社 |
| 发　　行 | 北方妇女儿童出版社 |
| 地　　址 | 长春市福祉大路 5788 号 |
| 电　　话 | 总编办：0431-81629600 |

定　　价　39.80 元

PREFACE
## 前 言

教育界有句家喻户晓的名言："家庭是孩子的第一所学校，父母是孩子的第一任老师。"这句话出自苏联教育家苏霍姆林斯基之口，影响极为深远。但是，怎样营建好孩子的第一所学校、当好第一任老师，很多家长心里都没底。

随着时代的发展，多数家长开始意识到，孩子并不是自己的"附庸"，他们虽然年龄很小、阅历较少，但是在信息化时代，他们接触到各类信息的机会远高于以前的人。面对越来越"早熟"的孩子，家长的教育方式也必须与时俱进，不能再生搬硬套前人的教育经验，更不能将"棍棒教育""大家长式教育"奉为圭臬，否则是不利于孩子的成长的。伟大的科学家爱因斯坦说过："孩子生下来就是天才，但往往在他们求知的岁月中，错误的教育方式扼杀了他们的天赋。"这句话想必让很多家长触目惊心。家长作为孩子的引领者，采取不同的教育方式就会产生不同的影响，这些影响甚至可能伴随孩子一生，怎么能不慎重呢？

那么，怎么才能当好孩子的引领者呢？这需要家长在孩子的成长过程中，不断与孩子进行磨合、探讨，总结出行之有效的教育方式。同时，潜心研究儿童教育、儿童心理学的相关教子知识，也是提升家庭教育水平的"捷径"。为了帮助家长提升教育水平，我们编著了这本《父母是孩子的引领者》。本书共分七章，通过七个主题，旨在告诉父母，当好孩子的引领者，父母必须以身作则，努力提升自己，同时必须尊重孩子，时刻关心孩子，并多与孩子交流。但是要注意，与孩子相处时要宽严有度，不能过分娇惯，应该适当放开手，在可控的范围内让孩子独立去面对生活中的风雨。当孩子一不留神"跑偏"了，如变得虚荣、自私、以自我为中心，或者沉迷于网络等，父母应科学合理地将其拉回正道。另外，孩子的成长离不开朋友，父母有责任帮助孩子提高交际能力。

本书内容全面，语言平易近人，将教育学、儿童心理学等方面的专业知识与相关教子事例进行结合，好读易学，希望能对父母教子有所助益。

由于编者水平有限，书中的不足之处在所难免，希望家长们不吝指教，帮助我们不断改进。

# 目 录
## CONTENTS

## 第三章

## 不娇不惯，宽严有度爱孩子

## 第四章

## 父母这样引领，孩子在逆境中也能勇敢前行

## 第五章

### 孩子跑偏不稀奇，父母引领是关键

## 第六章

### 不吼不叫，才能培养出情绪稳定的孩子

## 第七章

## 社交能力很关键，鼓励孩子走出去

第一章

## 以身作则，
## 父母是孩子的第一任老师

# 家庭是孩子的第一所学校

苏联著名教育实践家苏霍姆林斯基说过："家庭是孩子的第一所学校，父母是孩子的第一任老师。"为了让孩子从小拥有良好的品德，父母应该给孩子提供一个良好的学习环境。

良好的家庭环境主要是指优良的家庭风气，其会对孩子的成长产生积极的影响。要想形成优良的家庭风气，每一位家庭成员都要有良好的道德观念，具备团结互助、诚实守信、尊老爱幼、勤奋好学、谦虚礼让等品质。

中国有句俗话叫"三岁定终生"。它的意思是说，早在生命初期，人的认知能力就在逐渐形成，会对我们未来的学习、事业和健康产生重大影响。虽然科学家们还在争议决定人性格形成的究竟是基因还是环境，但不可否认，环境对人的成长产生了巨大影响。

某大学的社会学家们做了一项长达 7 年的研究，研究对象是城郊的 2000 名儿童，他们的年龄为 6~12 岁。社会学家们总结了一些影响孩子智商的因素，包括家庭收入、种族成分、福利状况等，通过调查研究发现，那些学习成绩好、智商高的孩子往往是在良好的环境中长大的。这种良好的环境主要指家庭环境，包括较高的物质生活水平、父母的和睦相处等。

由此可见，要想让孩子拥有美好的未来，只靠良好的物质基础是不够的，还要给他们营造一个和谐的环境。环境会直接影响孩子个性的形成和发展，这里的环境指的是家庭环境和地区环境。

一个人的命运往往与其家庭环境密切相关，这是人们达成的共识。但是地区环境的作用也不可小觑，它对孩子的健康成长有着重大的意义，会影响孩子的性格和行为习惯。

有一点必须强调，这里提到的地区环境并不是指高原或盆地这样的地理环境，也不是指阳光、雨露、寒风、雷电等自然现象构成的自然环境。地区环境指的是社会角度的地区社会或共同社会，它和家庭、孩子之间结成了特殊的关系。

当孩子和周围的孩子或者和学校的同学玩耍时，他的活动范围便会扩大。随着活动范围的扩大，孩子接触的人和事也会逐渐增多，从而影响孩子的成长。

而且，当孩子和邻居的孩子玩耍时，父母自然就要多和邻居接触。从这个角度来说，孩子充当了家庭和社会连接的桥梁。

另外，对生活在农村的家庭来说，大人和邻居的关系本来就很好，孩子和邻居的孩子之间更是亲密无间。

总而言之，地区环境或多或少都会影响家庭和社会的关系，这种关系的好坏程度，也将影响孩子的人格形成。换句话说，孩子一生下来就和社会环境形成了一定的关系，他不会像鲁滨孙那样独自生活。

因此，孩子的家庭处于怎样的地区环境，孩子就会有怎样的生活。也就是说，地区环境对孩子的成长意义重大。

父母是选择地区环境的主要决策者，由于女性往往比较细心且有耐心，所以通常由母亲决定地区环境的选择。在选择地区环境时，通常要遵循以下原则：

### 1. 对地区环境中人的选择

对人的选择可以分为两种情况，一种是选择孩子接触的同龄人，另一种是选择孩子接触的不同龄人。

除了父母之外，孩子和同学或朋友相处的时间最长。因此，孩子接触的同龄人会不可避免地影响孩子的性格、习惯。例如，一些关系亲密的朋友往往拥有相似的性格和观念。因此，父母在选择地区环境时，要给孩子选择品德高尚的接触对象。相对来说，那些和孩子不同龄的人对孩子的影响就小多了。但是父母不可掉以轻心，因为孩子喜欢模仿大人做事。如果大人的品德高尚，就会引导孩子朝好的方向发展；如果孩子身边的长辈没有高尚的品德，就会对孩子的个性发展产生不利的影响。

### 2. 对地区环境中非人因素的选择

地区环境中的非人因素主要指社会风气、文化氛围等。良好的社会风气有利于培养孩子的优秀品质，优秀的文化氛围则能提高孩子的思想文化修养。

　　需要注意的是，地区环境中的非人因素往往不易被人察觉，因为它对孩子的影响是潜移默化的。这就需要父母细心观察，充分借助周围环境的有利因素，让孩子健康快乐地成长。孟子是我国古代著名的思想家、教育家和政治家，他能取得如此巨大的成就离不开母亲的悉心教导。为了给孟子寻找好的地区环境，孟母不厌其烦地搬了三次家。

　　孟子很小的时候，父亲就去世了，他和母亲相依为命。起初，他们住的地方离墓地很近。孟子看到别人办理丧事，觉得很有趣，就跑去看热闹，甚至和邻居家的孩子玩起了办丧事的游戏。孟子的母亲看见了，觉得这个地方不利于孩子成长，就将家搬到了集市旁。

　　这回，孟子又跑到了集市上玩耍，还和邻居家的孩子玩起了做生意的游戏。孟子常常玩到很晚才回家，母亲多次劝说都不管用，他还是一吃完饭就往集市跑。孟子的母亲没有别的办法，为了让儿子有一个好的成长环境，她又搬了一次家。

　　这一回，孟子的母亲把家搬到了学堂附近。孟子每天都能在家里听到琅琅的读书声，他非常好奇，就偷偷跑到学堂去看。学堂里的先生经常讲一些孟子不知道的事情，孟子非常感兴趣，于是，去得越来越勤。没过多久，孟子的母亲发现儿子有了变化，他不仅对大人有礼貌，而且举止文明，她觉得这次的家搬得非常有意义。如果孟母一开始就对儿子所处的地区环境不在意，孟子很可能会一直改不掉贪玩的个性，也无法成为伟大的思想家、教育家和政治家。

正如贝多芬所说："我们应该记住这一点：给孩子提供一个充满美德和善行的成长环境，把美德、善行推荐给你的孩子们，能给人们带来幸福的只有它，而不是财富。"

# 以身作则，为孩子树立榜样

在家庭教育中，言传身教的作用是不容忽视的。可以想象一下，在一个家庭中，如果父母每天只是满足于现状，对工作和生活不思进取，从不充实自己、提高自己，周末在家总是沉迷于手机，说话的内容也是无足轻重的闲事，长此以往，在这种环境里长大的孩子，也会只沉迷于手机而将学习抛之脑后。相反，如果父母下班回到家就开始看书，拓展自己的视野，谈论的话题也是新闻大事或者工作上的事情，孩子在潜移默化中就会爱上阅读，多关注时事热点。父母有了长远的人生规划，就会一步步努力去靠近它。孩子看着如此有斗志的父母，就会以他们为很好的榜样，进而就会增加学习热情，从而提升自己的上进心。

张伟在一家外企工作。刚进公司时，他怀着一腔热血，希望能在工作中崭露头角。每天他都早出晚归，下班回家后还会翻看各种资料，浏览很多书籍，工作效率自然很高。但随着年纪越来越大，张伟渐渐失去了往日对工作的热情。有了儿子之后，张伟更是把生活的重心转移到了孩子的身上。因为张伟的工作效率降低，领导也不再把具有挑战性的工作交给他，于是张伟每个月只能拿到基本工资，但他却丝毫没有危机感。

为了把儿子送入重点大学，张伟对儿子的学习颇为上心。但是儿子对学习却没有兴趣，每次回家写完作业就溜出去玩。看到其他父母都给孩子找了家教，张伟也想给儿子找一个。他问儿子："咱小区里的很多孩子都找了家教，给你也找一个吧，提一提你的英语成绩。"

儿子厌烦地回绝了爸爸："每天学校布置的作业我都快写不完了，我才不想再自讨苦吃。"

张伟对儿子说："你怎么毫无上进心，有的孩子想学还没有这么好的机会呢，你却主动放弃了，爸爸对你很失望！"

儿子反驳道："爸爸，你每天督促我学习，你却从来不读书学习。难道你不需要学习吗？"

张伟一下子愣住了，他没有想到儿子之所以在学习上懈怠，是因为自己没有以身作则。

上面的例子中，张伟在重复的工作中逐渐失去了当初的热情与理想，安于现状，不思进取。虽然他在学习上对儿子很严格，但是儿子并没有如他所愿，爱上学习，更是强烈排斥上辅导班。儿子的话触动了张伟，近朱者赤，近墨者黑，正是自己对工作懈怠的态度误导了孩子。自己都不愿意学习，又如何要求孩子去学习呢？上进心是一种努力向上、想取得成就的心理品质。如果孩子没有上进心，就难以为自己设定目标，而缺乏目标，就会缺乏前进的动力。如果对学习没有积极性，只在父母和老师的鞭策下才被动地去学习，那自然达不到理想的效果。学习中一遇到困难，孩子首先想到的就是逃避，而不是找出解决困难的办法，这样的结果只会让孩子无法面对困难、解决困难。

因此，父母在生活中要多引导孩子，例如，给孩子树立一个榜样，努力工作。慢慢地，孩子就会为了达到目标而努力学习，激发自己的上进心。

那么，怎样才能激发孩子的上进心呢？下面三点可供父母参考：

### 1. 父母应该提升自身的能力

很多行业都有与之对应的证书与考核标准。如果父母想要在本职工作中崭露头角，考证无疑是一个不错的途径。例如一些父母从事建筑方面的工作，那么可以选择考取二级建筑师和一级建筑师或者注册造价工程师。父母的努力向上会让整个家庭的氛围变得积极，孩子在这种氛围中成长身心也会获益。

### 2. 与孩子一起制定目标

哲学家塞涅卡说过："有人活着没有任何目标，他们在世间行走，就像河中的一棵小草，他们不是行走而是随波逐流。"同样，孩子缺乏学习目标，就会变得散漫，慢慢地，孩子就对学习无所适从了。此时父母就应该和孩子在一起，帮助孩子完成对学习目标的制定。

当然，制定目标要切合实际，要根据孩子的能力和基础，为孩子量身打造出明确的、具体的、易于执行和实现的目标。一旦孩子有了学习目标，就可以勇往直前地向着目标迈进，学习的效率自然就会提上来。同时达到目标后，孩子也能从学习成果中体会到乐趣，变得更有上进心，这就是良性循环。不单单是孩子，父母同样应该在生活和工作方面给自己制定目标，这样就可以为孩子树立好的榜样。

**3. 帮孩子树立战胜困难的信心，让孩子产生上进心**

"妈妈，这次英语考试我又考砸了。"小怡怯怯地递给妈妈一张英语试卷，上面写着48分。妈妈拿到卷子后仔细看了起来。小怡又说："我在英语学习上已经下了很大的功夫，可是成绩还是不理想，我都快失去信心了。妈妈，我是不是压根儿就学不好英语呀？"

看着孩子沮丧的神情，妈妈安慰道："肯定不是的，你下了功夫成绩却不理想，那一定是没有掌握好学习方法。妈妈把自己学习英语的方法说给你听，你可以借鉴一下，看下次考试成绩会不会提升，行吗？"

接着，妈妈便把自己学习英语的方法教给小怡，小怡也将学到的方法运用到自己的学习当中。几个月后的一次英语考试，小怡取得了74分，她兴高采烈地把成绩单拿给妈妈看："妈妈，快看，我的英语成绩进步了不少呢，老师还当众夸奖了我呢！我现在很有信心，相信之后一定能把英语学得更好，争取考到满分。"

上面例子中小怡的妈妈及时发现孩子在学习中遇到的困难，并立刻帮孩子分析成绩提不上来的原因，然后将自己的学习方法教给孩子，最后孩子的成绩有了明显的提高，而且成绩的提高大大激发了孩子学习英语的信心。心理学研究表明，失败会让人产生畏难情绪，相反，成功会使人产生迎难而上的情绪。常常遭遇失败，孩子的上进心就会减退，但如果常常能取得成功，孩子就会为自己设立更高的目标，进步也会更大。

# 良好的育儿思维才能培养出卓越的孩子

我们究竟会教养出怎样的孩子？

一千个父母可能会教养出一千个不一样的孩子，其中，生活环境、家庭条件、遗传基因等方面的影响都很大，但更主要的因素在于父母的育儿思维。

同样的家庭条件和环境，不一样的育儿思维，培养出的孩子也大相径庭。这也就解释了为什么有的富二代有才华、有能力，而有的富二代却最终成为纨绔子弟。所以，很多时候，孩子在成长的过程中出现这样或那样的问题，其实是父母的育儿思维出了问题。

也许大多数父母都不愿意承认，或者根本不认为是自己的育儿思维出了问题，而这种习惯性地认为我们的教育没问题是最可怕的，那就意味着我们将在错误的教育道路上越走越远。事实上，在一个习以为常的问题上，就可以看出父母育儿思维的不同，下面我们来看一个小故事。

一天，小赵和妻子带着他们 5 岁的女儿小娇去朋友的别墅参加一个小型聚会，当时在场的人很多，气氛很融洽，但小娇突然哭闹起来，严重影响了人们的交流，人们都停止交谈，向小娇看过来。

虽然妻子试图安抚女儿，但小娇还是大哭不止。小赵和妻子显得很尴尬，妻子只能尝试着拿蛋糕去哄她，因为平时只要女儿哭闹，妻子就拿零食和玩具哄她，但此时这个办法没有奏效。小赵在家里一向比较严厉，面对孩子的哭闹，他总是会板起脸。这种恐吓很有效，在家里女儿会立即安静下来，但此时也没有奏效。

邻居于女士看到二人的窘境后走上前去，她蹲在小娇的面前，用手帕给小娇擦了擦眼泪，然后轻声问道："你为什么哭啊？是不是不喜欢这个地方，不想待在这里？"小娇轻轻地点了点头。于女士继续说："原来如此，这里是没什么好玩儿的。外面有一个小花园，还有喷泉，你想去那里玩吗？"小娇又点了点头。

妻子明白了女儿的想法，于是谢过于女士之后，带着女儿去外面玩了。

上面这个事例呈现出三种不同的育儿思维，虽然有时候三种方式都能达到最终的目的——让孩子停止哭闹，但从长远来看，对孩子的影响是完全不同的。

小赵的妻子用零食和玩具来哄女儿，这种育儿思维有一个巨大的隐患，即会让孩子产生一种不良认知——只要哭闹，就可以得到好处。如果父母长期用这种思维来教养孩子，那么就难免会培养出骄纵、任性的孩子，对孩子的性格影响是显而易见的。

小赵用威吓的方式来制止女儿的哭闹，这种方式虽然收效很快，但对孩子的心理会产生十分消极的影响。孩子会因为威吓而压抑自己的情绪，久而久之，越积越多，孩子的内心就会变得抑郁，而且会渐渐与父母疏远，不愿意吐露自己的真实情感。更严重的是，有些孩子会形成心理问题，极有可能做出极端的行为，不是伤害别人就是伤害自己。

比较来看，于女士的思维是正确的。一般来看，孩子哭闹都是有原因的，可能是因为身体不舒服，也可能是想要得到父母更多的关注，抑或不想待在这个场合。作为父母，面对孩子的哭闹，首先要做的就是读懂孩子的心理，然后做出反应。

在父母看来，孩子必须听话，但父母是否站在孩子的角度想过，我们让孩子听的"话"真的百分之百正确吗？父母需要自我反思，需要改变自己高高在上的权威者的角色，改变不合时宜的育儿思维。

什么是不合时宜的育儿思维呢？最具代表性的就是打骂思维和溺爱思维。很多人相信"棍棒底下出孝子"，但事实证明，严厉的管教方式不一定能培养出符合父母期待的孩子，只会造成恶劣的后果。而过分宠爱孩子，对孩子的要求没有原则地满足，最终也会毁了孩子。由此来看，教养是一门很深的学问，我们生来都不知道怎么做父母，做父母同样需要学习，我们应该怀着谦虚的心态去学习这门功课，一步步提升自己的育儿思维，做更有远见和修养的大格局父母。

# "充电"，是为了做更好的父母

父母是孩子人生的第一位导师，父母的学识、品行、修养都潜移默化地影响着孩子。从一定意义上来说，孩子的幸福取决于父母对自己的爱，而孩子的成就取决于父母的教育。所以父母需要自我充电，不断提高自己的教育能力，和孩子一起进步。

浩宇是五年级的学生，一直以来，他的功课都是妈妈辅导的，从没有请过家教。妈妈是大学生，心想辅导孩子肯定绰绰有余。可是自从浩宇上了五年级，每次给浩宇辅导功课她都觉得很吃力。随着时代的发展，教学内容也在不断更新，浩宇妈妈结婚以后一直忙于工作，不怎么看书，用大脑里仅存的那一点点知识辅导孩子，肯定越来越吃力。

"妈妈，我有道题不会做，你帮我看一下呀！"浩宇喊道。

"我看看，这个问题，呃……"那是一道数学题：在一个不规则图形内画一条线，把这个不规则图形分成面积相等的两部分。妈妈费了好大力气才做出来，浩宇觉得自己等了很久很久，心里嘀咕道："这道题有那么难吗？昨天有道题妈妈也解答了好久，但是今天老师讲作业的时候，只瞄了一眼就做出来了。"

"妈妈，这个单词怎么读呀？"浩宇做完数学作业又拿起英语作业。

"嗯……妈妈也不知道，你去查词典吧。"由于多年不看英语书，很多单词都忘记了。

"妈妈，你怎么这么差劲，这么简单的单词都不会。"浩宇口无遮拦地说道。

浩宇的这句话刺痛了妈妈的心，她觉得自己在浩宇心中变得无能了，于是她决定想办法提升自己，不能让孩子小瞧自己。说到做到。妈妈仔细询问了浩宇每门功课的学习情况，便开始上网查资料自学，因为学习过，所以许多知识看一遍就会了，妈妈每天都会记英语单词，还仔细做了笔记。

一次，妈妈在给浩宇辅导作业的时候，浩宇觉得妈妈好像变厉害了，无论他问什么问题，妈妈都对答如流，那种自信就跟自己的老师一样。

"妈妈，你今天真厉害，完全可以当老师了！"浩宇开心地赞叹道。听到孩子的赞扬，妈妈高兴极了。

辅导孩子做作业几乎是父母每天必须完成的事，相信很多父母也遇到过浩宇妈妈的情况。所以，父母要注意了，孩子的学习不能耽误，这件事情应该是父母都认同的，因此父母要经常自我充电，这样才能更好地辅导孩子。

要想养育出一个出色的孩子，父母不仅要经常自我充电，还要与时俱进，不断更新教育理念，不能因循守旧，用过去的教育理念教育孩子，要有所变通，让自己的教育方法与孩子的性格相契合，因为只有合适的才是最好的。

当孩子对未来充满焦虑、不知所措的时候，父母就可以作为领路人，为孩子指明方向。父母应该参与到孩子的人生中，而不应作为旁观者，也只有不停地学习，提高自己，才能更好地教育孩子。

林肯的母亲被后人尊称为"最爱读书的母亲"。"与其留给儿女百亩田地，不如留给他们一本《圣经》。"林肯的母亲曾这样说，在她看来，读书能让一个人变得优雅、有深度。所以父母们，抓紧充电、学习吧，成为让孩子仰慕的人！

# 别把孩子完全推给老人

　　孩子的成长离不开父母的照顾，在成长的过程中，孩子还需要与父母进行交流和沟通。父母要多关注孩子的心理需要，抽出固定的时间陪伴孩子，也要更加用心地了解孩子，常常与孩子谈心。

　　很多父母因为各种原因，会选择把孩子完全托付给老人照顾和教育，自己在忙碌工作之余图个轻松、清静。老人因为"隔代亲"会对孩子无原则地疼爱，这给孩子的成长带来很多困扰。即使父母的确无法独立教养孩子，需要老人帮忙，也应该尽量多与孩子相处，关心和了解孩子的情况，满足孩子的心理需要，而不要把孩子推给老人之后就彻底不管不问。等到发现问题再来批评和训斥孩子，显然无法起到良好的效果。

　　萌萌从小和爷爷奶奶一起生活。后来，虽然爸爸妈妈在大城市买了房子，但是爷爷奶奶舍不得萌萌离开他们，而且爸爸妈妈的工作特别忙碌，根本没有时间照顾萌萌，所以萌萌继续留在爷爷奶奶身边生活。爸爸妈妈感到很轻松，他们无须操心萌萌的各种问题，只要把工作做好就行。

　　有一天，妈妈下班之后去爷爷家看望萌萌。发现萌萌放学回到家里，作业一个字都没写呢，就开始看电视。妈妈检查萌萌的作业本，看到上面是接二连三的红叉叉，简直错误百出，忍不住批评萌萌："你的作业怎么错了这么多？我告诉过你很多次了，放学回来必须先完成作业，然后才能看电视或者出去玩。你觉得你做得好吗？"萌萌对妈妈的话置若罔闻，眼睛一直盯着电视屏幕，妈妈气急败坏地关掉电视。

萌萌哭喊起来："干吗关了？我还没看完呢！"妈妈火冒三丈，对萌萌喊道："别看电视了！先写作业，等我检查完作业之后才能看电视。以后不许放学回家就看电视，必须先学习！"萌萌冲着妈妈大喊大叫："我就要看电视，我就要看电视。爷爷奶奶都不管我，你凭什么管我！"说完，萌萌看到妈妈态度坚决，就向爷爷奶奶求助，让爷爷奶奶赶紧把妈妈"赶走"。

爷爷忍不住抱怨妈妈："你每次只要回家就招惹她，能不能安安生生的？她要看，就让她看会儿再写作业。"妈妈冲着爷爷着急道："爸，孩子必须先完成作业，否则耽误学习了！"爷爷说："你别教训我，我有分寸。萌萌这么聪明，将来肯定有出息。"说着，爷爷打开电视，萌萌心满意足地看起来。

很多老人溺爱孩子，对孩子呵护有加，不管什么事情都代替孩子去做，根本不会有意识地管教孩子，培养孩子的独立能力。正是因为如此，老人带的孩子往往娇气、任性，不能自我控制，缺乏独立意识，行为能力很差，也没有责任感。父母的教育观点与老人的教育观点很容易发生冲突和矛盾，对于不与孩子一起生活的妈妈来说，她偶尔见到孩子，更关心孩子的学习情况，并且会对孩子提出要求。溺爱和严格要求爆发冲突，会导致孩子在心理和感情上出现错位，认为爷爷奶奶才是最疼爱他们的人，而父母只会挑剔和苛责他们。渐渐地，孩子会与父母疏远，使亲子之间产生隔阂。有的时候，还会使父母与老人之间发生矛盾。

古人云：养不教，父之过。为人父母不仅有"头衔"，更肩负着沉甸甸的责任。在大多数家庭里，妈妈承担着更多照顾、教育孩子的责任，也正因如此，妈妈很容易发现孩子的问题，这时便会及时地指正孩子，帮助孩子改正错误的行为，培养孩子良好的习惯。妈妈还要与老人多多交流，向老人灌输正确的教育观念，并且把孩子身上的问题指出来，告诉老人，这样才能与老人齐心协力，把孩子教育得更好。妈妈要注意以正确的方式与老人沟通，要照顾到老人感情上的承受能力，也要考虑到老人心理上的接受程度，尽量心平气和地与老人协商，还可以用事例来进行说明，帮助老人理解其中蕴含的深刻道理。记住，切勿对老人的不当做法加以指责，以免伤害老人的感情。

# 和孩子一起学习，共同进步

孩子在成长过程中一直在学习，父母也不能落下。所谓活到老学到老，除了自身技能和一般的知识，父母也要学习教育知识，比如，如何与孩子沟通、相处，如何了解孩子的内心世界，孩子什么阶段吃什么对身体好，不宜吃什么，等等。学习本身就是生活的一种常态。倘若父母的学习停滞不前，就无法紧跟时代的步伐，更好地教育孩子，还可能被孩子看不起，这样又如何能获得孩子的崇拜和尊重呢？久而久之，孩子可能也就不再愿意与父母交流了。

小朱在一个繁华地段经营着一家奶茶店。虽然生意很不错，每天客流量都很大，但他有一个很头疼的问题，就是经常会有外国朋友来买奶茶。由于不会说英文，他和外国朋友只能通过手势进行交流，谁也不能理解对方的意思，因此常常做不成生意。

某一天，小朱又一次与外国朋友交流失败，他随即决定要学好英语。回到家后，他看到读中学的儿子朱小豪正在阅读英语课文，就走过去对儿子说："小豪，爸爸也想学英语，我该怎么做呢？"小豪听完，非常开心地对他说："我教你！"

从那天以后，父子俩每天都早早地起床，拿着书本和录音机去公园里学习，跟着磁带朗读单词，晚上还专门留出一段时间学习。就这样，无论刮风下雨，他们每天都坚持学习。

父子俩坚持学习了两年以后，两个人的英语水平都提高了一大截，小朱从最初只能打手势与外国顾客进行沟通，到后来能用英语熟练地和外国顾客对话，不但生意做成了，还和几个顾客成了朋友。

和孩子共同学习，体现了父母不甘落后、紧跟时代步伐的进步意识，能够得到孩子的尊重，也能给孩子做一个好榜样。同时，在共同学习的过程中，父母与孩子会产生很多可以交流的话题，促进亲子关系的和谐融洽。

在传统的家庭教育理念中，都是父母教育孩子，孩子要绝对地服从父母，倘若让父母向孩子学习，必会引起极大的争论和反对，认为纯属无稽之谈，而倘若孩子对父母的言行举止进行指正或评论，那就更是大逆不道。然而，现在的社会已经与旧时代完全不同，每个人都是平等的个体，谁也不受谁的驱使，加上如今事物更新换代的速度很快，父母已经不再是知识的权威，甚至在某些方面，孩子了解的比父母还要全面和深入。对此，小朱的妻子莉莉也有深切体会。

有一天，公司领导给莉莉和同事布置了新的工作，任务中包括修图和做短视频，领导说公司也要与时俱进，不能被社会淘汰。这下莉莉可慌了，她平时对一些电子产品或新兴软件并不了解，她想："反正自己用不着，也不必去学习。"没想到这些知识真有用到的一天。等回到家，她突然想到，儿子朱小豪好像对这方面挺懂的，说不定儿子能帮助自己呢。虽然没抱太大希望，但等晚上小豪回来，她还是立刻去向儿子求助，没想到小豪开心地说："这有什么难的，我教你。"接着莉莉就开始了自己的学习之旅。

"儿子你看，这一步是用鼠标点这里吧？哎呀，怎么成这样了，跟你教我的不一样啊，这是怎么回事？"莉莉刚开始非常费力，常常出错。

"不对不对，妈妈，你这一步又错了，你看，你要先去这个菜单栏里选中这一项进行设置，然后再应用，还有这里操作得也不对……"小豪则在旁边一步步地教。

"这个设置在哪里来着，我又忘了，接下来呢？"

"这里这里，"小豪一边指给她看，一边骄傲而又略带严肃地说道，"然后你自己想想到哪一步了，昨天刚教过你的。"

就这样，莉莉跟着小豪学习了几天后，已经掌握了一定的技能，可以完成工作了。但她受此事的启发，意识到自己不能故步自封，就像领导说的那样，要与时俱进，才能跟得上时代的步伐。之后，莉莉向小豪表示了感谢，并告诉小豪要继续向他学习这些新生事物的知识，不能落后。小豪听后高兴地说："太好了妈妈，这样我们就可以一起学习了，我还是你的小老师哦！"

如今的父母非常需要学习，如今的孩子们也有很多优点，他们对新事物的感知力非常敏锐，这也是这个时代赋予他们的特权。如今是父母、孩子两代人互相学习、共同进步和成长的时代，父母一定要与孩子一起学习，一起进步。

第二章

# 父母应引领孩子，
# 而非统治孩子

# 拒绝居高临下，和孩子平等相处

封建社会的等级制度已经被历史淘汰，父母应该学会和孩子平等相处，彻底放下板起面孔说教的架子，让孩子快乐地和自己交流，促进亲子关系的良好发展。

人和人的关系是复杂多样的，在众多关系中，父母与孩子的关系是最亲密的。但是随着社会的发展，孩子越来越早熟，他们和父母之间的隔阂也变深了。

很多父母不能平等地对待自己的孩子，和孩子的关系非常疏远，甚至和孩子形同陌路，这是为什么呢？

主要原因是父母和孩子做不到相互理解。在孩子眼里，父母就是高高在上的长辈；在父母眼里，孩子则是不懂事的晚辈。父母经常把自己的观点强加给孩子，很少关心孩子是否真的理解，愿不愿意接受。父母无法平等地对待孩子，讲再多的大道理也不会有好的效果。

很多父母经常在孩子面前摆出长者的姿态，用过来人的心理教育孩子。可是孩子也有自尊心，他们更希望和父母平等相处，成为父母的知心朋友，而不仅仅是长辈和晚辈这种关系。

很多孩子之所以出现"和父母对着干""不听话"等现象，就是因为父母的教子观念太传统，总是用居高临下的姿态和孩子相处。所以，要想让孩子吐露心声，从"和父母对着干"变为主动配合，从"不听话"变为懂事，父母必须用真诚、平等的态度和孩子交流，赢得孩子的尊重和信任。

白月的女儿一岁半了，她的眼睛又圆又大，就像一对璀璨的宝石，她的脸蛋儿红润光滑，让人忍不住想摸一摸。自从女儿出生之后，白月感觉自己比以前更累了，但她无怨无悔，只盼望女儿能够健康快乐地长大。日子一天天过去，女儿逐渐学会了笑、翻身、爬、走……白月看在眼里，乐在心里。

白月深知不能对孩子太娇惯，否则会让孩子从小养成坏习惯。可是丈夫认为孩子还小，凡事都顺着孩子。为了让孩子健康成长，白月就在家里做起了"严母"，严格要求孩子的言行举止。可是不久前发生的一件事，让白月的教育态度发生了改变。

一天晚上，已经十二点了，忙碌了一天的白月想马上睡觉，但是女儿还在床上玩洋娃娃。白月哄着她说："好宝贝，洋娃娃要睡觉了，你也该睡觉啦。"女儿摇了摇头，将洋娃娃紧紧抱在怀中。白月不管女儿同不同意，就将洋娃娃抢过来放到柜子上，然后把女儿的衣袜脱掉，让她钻到被子里。可是女儿很快就爬出被子，哭闹着要柜子上的洋娃娃。

看见女儿哭闹，白月心软了，就让女儿又玩了一会儿。十分钟后，她觉得这回该让女儿睡觉了。但是女儿仍在生气，把被子踢到地上，哭闹着不肯睡觉。于是，白月生气了，忍不住大声责骂起来，还在女儿的小屁股上打了两下。

女儿因此哭得更厉害了，一只手拉着爸爸的胳膊，示意要去爸爸那边。白月把女儿按倒，心里却在想："小家伙脾气还不小！"这时，女儿从白月的手中挣脱了，坐起来伸出双手拍打着白月，哭喊着表示反抗。

这件事让白月感触很深，她认为孩子虽然很小，只会说简单的几个字，但是也是有思想的。妈妈应该平等地对待孩子，不能简单、粗暴地强迫孩子。

在成长过程中，孩子犯错是在所难免的，父母应该采取合理的教育方式，帮助孩子及时改正错误。在教育孩子时，父母应该放下架子，像对待成人一样对待孩子，让孩子感受到父母的尊重。

### 1. 尽到做父母的责任

作为孩子的父母，理应为孩子营造一个和谐、温馨的成长环境，让孩子健康快乐地成长。父母要以身作则，用良好的言行给孩子做榜样，多花些时间陪孩子玩耍，跟孩子交流。当孩子犯错时，要认真分析孩子犯错的原因，耐心地告诉他（她）这样做有什么后果以及正确的做法是什么。不要因为自己生气，就一味责骂、打罚孩子，对孩子的身心造成伤害。

### 2. 做孩子的人生良师

父母是孩子的第一任老师，要正确认识孩子的成长规律，认真观察孩子的言行，仔细分析孩子的想法。孩子的观察力、注意力和自控力比较差，父母不能像要求自己一样要求孩子，要学会循循善诱，慢慢引导孩子养成好习惯。

### 3. 成为孩子的知心朋友

好的父母不仅是孩子的良师，更是孩子的益友。父母如果能放下自己的架子，从意识到行为把孩子当成平等的个体，就能更好地走进孩子的内心世界。

那么，父母该如何尊重孩子呢？

### 1. 尊重孩子的决定权

如果是孩子自己的事，父母要和孩子商量，让孩子来决定，有些决定是不能替代孩子来做的，承认孩子具备自己做决定的权利，这是尊重孩子的重要表现之一。

### 2. 尊重孩子的秘密

很多家长会认为孩子是自己的，自己有权利知道孩子心中的秘密，孩子不应该对家长隐瞒任何事，这种想法是不对的。孩子也应该有自己的小秘密和自己的私人空间，家长不应该打破砂锅问到底，这样会引起孩子的反感。

### 3. 尊重犯错的孩子

家长们有时候比较生气，因为孩子犯错误了，就大吵大闹的，这样会让孩子害怕。家长们应该尊重他们，帮助孩子分析为什么犯错误，从而避免以后再犯错误。

### 4. 引导孩子学会表达

如果孩子表达得比较好，作为家长应该鼓励；如果表达得不好，也要有耐心，指导孩子如何正确表达，帮助孩子健康成长。

# 一味强迫孩子，只能阻碍他（她）的发展

著名的心理学家皮亚杰曾经说过："强迫工作是与心理学原则相悖的，而且所有具备成效的活动，都必须以某种兴趣为先决条件。"

我国素有"童话大王"之称的郑渊洁也曾这样说："不要在孩子不感兴趣、还没有能力理解的时候，让他（她）做任何不感兴趣的事情。"孩子往往在对待自己感兴趣的事情时能够竭尽全力，相反，倘若父母要孩子舍弃他（她）极感兴趣的事情，去做一些他（她）讨厌做的事情，双方之间必然会起冲突。

每个人都有自己的兴趣爱好，其他人不能勉强，也不应当勉强。俗话说："萝卜白菜，各有所爱。"有些人爱吃萝卜，有些人爱吃白菜，互相不要勉强。

对于大人而言，这一点大家都能够达成共识。在闲暇时光里，有些人喜欢唱唱歌或者跳跳舞，有些人则喜欢下下棋或看看书等。这些都是客观上存在的，也是为大家所认同的。但是对于孩子，有的父母在这一点上的认识就较为模糊。他们在面对孩子独特的兴趣与爱好时，往往不予接受和支持。

有的孩子活泼好动，喜欢攀岩、游泳等运动，可父母偏偏要强迫他们安静地坐下来弹琴，完全不顾孩子的抗议，结果可想而知，不仅事倍功半，还阻碍了孩子的发展。

一个人对感兴趣的事情往往最能够全力以赴，也最易见成绩；反之，就难以有所成就。人最可悲的就是没有任何兴趣和爱好，孩子最大的不幸就是自己的兴趣爱好被父母扼杀。

然而，在生活中，父母扼杀孩子的兴趣爱好的现象层出不穷，其结果往往是引发孩子的逆反心理，并使孩子得不到应有的发展。下面的案例就能够说明这一点。

轩轩非常喜欢体育运动，尤其热爱篮球，从小就对篮球非常痴迷。上了初中后，轩轩幸运地加入了校篮球队，于是经常要参加各种比赛。爸爸担心轩轩因为篮球而耽误了学业，于是要求轩轩放弃打篮球，将心思全部用在学习上。爸爸的反对并未浇灭轩轩对篮球的热情，他决心要说服爸爸，让自己的兴趣得以发展下去。

"以后篮球队的活动一概不许参加！"爸爸对正准备去打篮球的轩轩喊道。轩轩听了爸爸的命令，瞬间变得垂头丧气。他委屈地趴在写字桌前，看着眼前堆成小山的各种试卷和书本，真想大喊："什么博览群书，什么科学真理，这些都不是我想要的！我真正喜欢的是篮球！"接着，轩轩拿起脚下的篮球，在房间里练习了起来。

妈妈听到轩轩打篮球的响声，匆匆赶来，说道："轩轩，你这孩子怎么不想想，爸爸这么做也是为了你好呀，如果你把学业耽误了，以后怎么能考上好大学，怎么能找到好工作……"轩轩激动地回答道："妈妈，谁说只有考上好大学将来才能有出息，成功的路不止这一条。况且，我的学习成绩也不差呀。一周我只拿出3个小时的时间来练习打球，难道这也不行吗？"这时爸爸的声音从屋外传来："一周三个小时，一个学年下来就是多少小时啊！"

轩轩终于忍不住了，委屈的泪水夺眶而出，他用沙哑的嗓音对爸妈说："你们一点儿也不理解我，自从上了初中，我就再也没打过游戏、看过电视，篮球是我唯一的爱好，现在也被你们阻拦了，我的近视眼就是这样一天一天学出来的！"

爸妈似乎被轩轩的心里话打动了，没有再说什么。轩轩则趁机继续说道："就算我将来考上大学，招聘单位要的也是全面发展的人才，人家怎么会要我们这些戴着深度近视眼镜、只知道死啃书本的'书呆子'呀！何况，只有身体素质过硬，才能更好、更快地适应竞争激烈的学习和生活。"爸爸思考了片刻，终于松口说："好吧！以后每个周六你都可以去打篮球，但是不能超过3个小时。"

轩轩终于说服了爸爸，他心里想：对于父母之前那些善意的约束，我要感谢，但不能接受，因为，我的生活由我自己做主，我的兴趣爱好应该被尊重。现在的我才是最幸福的，因为我拥有了自己的生活。

实际生活中，大多数父母都会为孩子的未来做规划。从孩子踏入校门的那天起，这种规划就开始了，甚至连孩子将来学什么专业、从事什么工作都早就被规划好了。为此，有些父母丝毫不在乎孩子的爱好和理想，强迫孩子按照自己为其规划好的道路前行，结果让孩子的身体和心灵受到严重束缚而走向极端，令人扼腕叹息。

父母千万要记住，孩子一旦对某种事物产生了浓厚的兴趣，就一定要支持和鼓励他发展下去，而不要加以干涉，更不要强制他放弃。"兴趣是最好的老师"，兴趣能够最大限度、最持久地激发孩子的智力和潜能。

只有父母做到尊重孩子的兴趣，征求孩子的意见，才能理解孩子的真正需求，让孩子健康快乐地成长。因此，父母在培养孩子时，首先要注意发现孩子的兴趣爱好，不要让孩子成为"学习机器"，而要让孩子得到全面的发展。

那么，如何做才算尊重孩子的兴趣呢？以下两个方面可供参考。

**1. 承认孩子拥有爱好的权利**

当孩子有了自己的爱好，父母要予以支持和接受，承认各人有权利拥有各自的兴趣和爱好，他人不应随意干涉。

**2. 尊重孩子的喜爱和兴趣**

如今的社会生活丰富多彩，每个人的个性和兴趣都有机会得到充分的发展，只要它是健康的、文明的，就应当被尊重，应当允许孩子自主选择。当然，在认同与尊重的同时，父母可以加以适当的引导，培养孩子高尚的趣味和情操。

# 与孩子相处，将尊重放在首位

　　有一天，妈妈带着 4 岁的女儿小静在公园里玩。活泼可爱的小静在公园里蹦蹦跳跳，跑来跑去，很快就在公园的一角找到了新玩伴。小静和几个新朋友在公园的花池旁边说说笑笑，玩得不亦乐乎。妈妈也不打扰，就在不远处的长椅上看着。

　　眼看着太阳即将落山，妈妈呼唤小静一起回家。小静大声答应着，像一阵风一样地跑到妈妈跟前，这个时候，妈妈发现，小静的手里多了一只纸飞机，而且看样子小静特别喜欢。妈妈就问小静："这是哪里来的纸飞机？折得可真漂亮！"小静快乐地把玩着那只纸飞机，高兴地对妈妈说："这是我用妈妈给我买的小娃娃换来的！它能飞得很远呢！不信你看！"说着就用力地把飞机扔了出去，然后"咯咯"地笑着去追了。妈妈心里一惊：这孩子真是太自作主张了，那个娃娃挺贵的，怎么可以拿它去换一个一文不值的纸飞机呢？妈妈刚想把小静叫过来教训一顿，抬头就看到小静兴冲冲地拿着纸飞机跑回来的样子，话到嘴边，她又咽了回去。既然小静那么喜欢，管它值钱不值钱呢？既然小静玩得那么开心，又何必给她徒增烦恼呢？

虽然在大人的眼里，这场交换是不公平的，但是孩子从中获得了快乐，他们不觉得自己吃了亏或者占了便宜，这不就够了吗？

只有大人才会用事物的价值去衡量事情做得是否正确。孩子的世界是特别单纯的，他们做任何事情都会有自己的决定。作为家长，我们为什么不能尊重孩子的选择呢？很多家长总认为孩子太小了，所以他们做的判断都不一定是正确的，是非对错应该由父母来判断。孩子所做的决定确实不一定正确，但是只要不出格，没有妨碍到他人，也未尝不可吧！如果父母只是一味地让孩子服从自己的决定，甚至粗暴地干涉孩子的选择，那就完全谈不上"尊重"二字。

随着孩子慢慢长大，他们的自我意识越来越强，开始形成自己的价值观，不愿意任何事情都受到别人的干涉或压制，有的时候甚至会做出与家长的期望相违背的事情，或者是提出一些不合理的要求。这个时候，家长不应该一味地打压孩子，而是应该营造一个民主的家庭环境，认真倾听孩子这样做的原因，了解孩子的内心，尊重孩子的选择和要求。只有这样做，才能使孩子愿意与父母建立沟通的桥梁，而不是被打压过后产生反抗行为甚至是报复心理。

那么，家长如何才能真正做到尊重孩子呢？

### 1. 尊重孩子的独立人格

父母要从根本上意识到，孩子不是自己的附属品，他们有自己独立的人格，他们是有想法、有尊严的生命体。每个人都是一个独立的个体，成人之间需要互相尊重，不能妄自干涉别人的生活，对待孩子也应该是一样的态度。父母需要给孩子足够的自由空间，哪怕孩子因为年龄小或人生经验不足犯了错，父母也不能粗暴地阻止孩子去做他们想做的事。当然，适当地引导孩子少做"蠢事""傻事"是有必要的，但是这绝对不代表我们可以代替他们做所有的决定，更不代表我们可以直接否决孩子的想法。

**2. 尊重孩子应有的权利**

很多孩子在家庭中基本上是没有发言权的，他们说的话基本上都是被父母忽略的。在家庭生活中，父母首先要把孩子看作是和自己地位平等的人，在自己对孩子提出意见的同时，也要允许孩子对大人的行为发表意见，如果合理，就要选择性地采纳。当孩子试图参与到父母的谈话中来的时候，切忌对孩子说"大人的事情小孩子懂什么""别插嘴"之类的话。另外，在生活中，也要尊重孩子的选择权，比如孩子不喜欢上兴趣班，就不要强逼着孩子去学；如果孩子喜欢绘画，家长就不要按照自己的意志非给孩子报钢琴班。有些家长甚至干预孩子交什么样的朋友、看什么样的课外读物等。其实，孩子的世界非常单纯，只要保证孩子是安全的，没有妨碍到别人，也不会受到什么不利的影响，家长就应该全力地支持孩子有自己的朋友圈，有自己的喜好。

**3. 不用语言侮辱孩子，不用体罚、变相体罚的方式伤害孩子**

很多父母在孩子犯错的时候，总是会忍不住说出"你怎么这么笨""太不争气了""我怎么生了你这样的孩子"等伤害孩子自尊心的话。当然，父母当时的愤怒的确发泄了出来，但对孩子心理的伤害却是不可逆的。所有的父母都应该意识到，这种对孩子说话的方式是大错特错的。还有些家长会用体罚或变相体罚的方式来伤害孩子，从表面上看，孩子当时似乎是听话了，按照父母的要求去做了，家长收获了满意的结局，但是这样的孩子在成长过程中大多都会留下心理阴影，不仅会对孩子的性格产生影响，甚至会影响到孩子今后的行事作风，从而对其一生产生无法挽回的影响。因此，父母一定要引以为戒，不要用任何形式的处罚来伤害孩子幼小的心灵。

### 4. 以宽容的态度对待孩子的错误

父母应该意识到，孩子的年龄小，心智也不成熟，犯错是不可避免的。父母应该做的是，引导孩子认识自己的错误并加以改正，培养他们知错就改的好习惯。对待孩子的错误采取宽容的态度，才能得到良好的教育效果。

茂茂有一次跟妈妈去亲戚家里做客，茂茂玩得很开心，在亲戚家的院子里上蹿下跳。正玩得不亦乐乎的时候，茂茂不小心把主人种的一大盆花撞倒了，花盆碎了一地。亲戚发现的时候，茂茂战战兢兢地站在一旁不敢说话，妈妈问茂茂："是不是你弄坏的？怎么这么调皮捣蛋呢！不知道爱护别人家的东西吗？"茂茂看着妈妈的眼睛，不敢承认，只好说是有一只猫扑了过来，正好扑到花盆上。看到茂茂紧张的样子，亲戚拉了拉妈妈的衣服，两人相视一笑，什么都没有说。

后来，茂茂跟着妈妈回到家，心里一直惴惴不安，担心妈妈会发现什么，但是妈妈似乎真的相信了那个谎言。茂茂原本想，干脆就这样让它成为一个秘密吧。但是，每次看到妈妈一如往常地关心自己，眼神里对自己满是信任的时候，茂茂都会因为愧疚而心跳加速，他为自己的不诚实而纠结矛盾。

终于，在花盆事件过去几天之后，茂茂再也忍不住了，他发现，这种感觉还不如被妈妈教训一顿来得舒服。他主动向妈妈承认了错误："妈妈，上次我们去亲戚家做客的时候，那个花盆其实是我打碎的，跟猫一点儿关系都没有。当时，我害怕你们会责怪我，所以撒谎了。妈妈，我知道错了，对不起！"妈妈听了茂茂的话，轻轻抚摸着他的头说："妈妈知道了，但是妈妈没有怪你。谁都有犯错的时候，也有犯了错误暂时不敢承认的时候。但是妈妈知道你是个好孩子，等你自己想通了，你一定会主动承认的，所以妈妈一直没有问你。但是，妈妈也希望你以后做事能够小心一些，不要太莽撞，好吗？"

茂茂很感动，他点点头，向妈妈保证，以后一定不莽撞了，而且做错了事情一定会主动承认，再也不撒谎了。妈妈看到茂茂这么懂事，十分欣慰。

很多父母总是说要尊重孩子，但是对孩子的尊重不是说说而已，而是要具体地体现在父母与孩子相处的点点滴滴中。很多父母总是说要与孩子保持平等的地位，但是真正落实到行动上的时候，往往又忍不住拿出高高在上的姿态。受到父母尊重的孩子，对他人的理解能力和对困难的承受能力会更强，心灵也会成长得更加健康，他们对事情会更有主见，而且处理事情不会极端，也更容易塑造良好的品格。所以，从现在开始，从每一天的点滴小事开始，尊重孩子的选择，让他们自己做决定吧！

# 不要摧毁孩子的自尊心

　　跃跃是个聪明活泼的孩子，好玩好动的他一刻也停不下来。有一次，家里来了客人，跃跃因为贪玩，一不小心把芝麻酱洒在了裤子上。妈妈叫他把裤子脱下来，换上另外一条，但是执拗的跃跃偏偏一动不动地站在那里。妈妈说了他很多次，跃跃依旧无动于衷。这时，妈妈的火气忍不住蹿上来了，她径直走到跃跃跟前，一把抱住跃跃，脱掉了他的裤子。跃跃在一旁哭喊着、挣扎着，妈妈见跃跃如此不听话，又在跃跃的屁股上打了两巴掌。家长的面子挽回了，但是跃跃却在很长一段时间内都闷闷不乐，他觉得妈妈当着那么多人的面脱掉自己的裤子，而且还打了自己，实在太丢人了。也许妈妈觉得，一个小孩子光着屁股也没什么，但是她却在无意间伤害了孩子的自尊心。

　　古人讲"人前教子，背后教妻"，其实"人前教子"这种做法非常伤害孩子的自尊心。你在别人面前教训孩子，塑造了一个耳提面命、严格教子的好家长形象，但是孩子呢，他们的自尊心又该拿什么去维护呢？尤其是女孩子，她们的面子很薄，动不动就会脸红，如果家长不顾及她们的面子，践踏其自尊，那么一定会让她们失去自强自爱的基础，当然，也会给孩子留下一辈子的心理阴影。

所以，作为家长，如果你真的爱自己的孩子，就不要像上述案例中的妈妈一样，只顾自己的面子，而不在意孩子的感受，以至于无形中伤害了孩子的自尊心。

另外，家长还应该意识到，有些孩子的自尊心很强，而且非常敏感，他们常常活在别人的评价当中。当老师、同学、父母对他们充满关爱和尊重时，他们就会眉开眼笑，心生欢喜。但是当周围的人对他们的评价都是负面的时，他们必然会大受打击，甚至一蹶不振。作为父母，为了让孩子少受不必要的伤害，一定要规避以下几种很容易摧毁孩子自尊心的言论或行为。

### 1. 全盘否定自己的孩子

很多父母总是以要求大人的高标准去严格要求孩子，孩子扫地扫不干净，就说"你不行"；孩子长得不符合大众审美，就说"你长得不好看"；孩子学习成绩没有达到 100 分，就说"你很差"……总而言之，孩子哪儿都不尽如人意。

### 2. 拿自己的孩子和别人家的孩子比

有些父母特别喜欢攀比，经常把"你看人家 ××，学习成绩那么好""你瞧瞧隔壁 ××，人家多懂事"这样的话挂在嘴边，这对孩子的自尊无疑是一种很大的伤害。

### 3. 在外人面前训斥孩子

随着年龄的增长，孩子也会有自尊心，也会有被尊重的需要。如果父母不分时间和场合，对孩子的错误行为大加斥责，孩子很有可能因为感到"没有颜面"而失去上进心。

### 4. 对孩子实施语言暴力

有些父母说话从来不顾及孩子的感受，在生气的时候，除了口气强硬、分贝增加之外，还会配合使用一些不文明的语言挫伤孩子的自尊。比如"你可真不是个东西""从来没见过你这么笨的""你真蠢啊"，等等。

### 5. 操纵孩子的一切

有的父母认为，孩子就是自己的私有财产，自己想打就打，想骂就骂，就连孩子的日记或者信件，也要设法去查看。总而言之，孩子就像提线木偶一样，任由自己摆布。殊不知，这样的行为已经严重伤害了孩子的自尊。

### 6. 拿孩子撒气

有的父母在外面受了气，回来就拿孩子发火。这样做无疑是在伤害孩子的自尊，助长其自卑感，非常不利于孩子的身心健康成长。

### 7. 当众揭孩子的短

孩子也是有隐私的，有一些不足为外人道的丑事、囧事，如果父母不顾及孩子的尊严，赤裸裸地把它们摆到台面上说，一定会让孩子感到无地自容的。

从心理学的角度讲，宣扬孩子的"丑事"，会让孩子产生社交恐惧感，更会滋生其自惭形秽的念头，这样很不利于孩子以后的社交。

所以，家长们，如果你有以上七条行为，一定要认真反思自己了。孩子的成长只有一次，请不要在孩子成长的关键时刻给其语言伤害，从而使其面子尽失，心灵受伤。

孩子有了自尊意识本来是一件值得高兴的事情，因为这代表着其心理已经趋于成熟，也代表着他们已经获得了一种人格搭建的基础。所以，作为孩子的父母，不仅不可以肆意摧毁，而且要小心呵护。在培养孩子自尊的同时，父母应该注意以下几点。

### 1. 不可有嘲讽孩子之意

"小家伙，你真差劲儿啊，这么简单的事情都搞不定！"也许这只是父母无心的一句戏谑之言，但是对于孩子来说却像一记重锤，会难受很久。

### 2. 与孩子以礼相处

怒骂、责怪、命令式的语言不仅会给孩子一种轻视之感，还会摧毁孩子的自我意念。所以明智的父母在与孩子交流沟通时，要使用文明、礼貌用语，让孩子感觉到自己也是受尊重的。

### 3. 勇敢地向孩子认错

"妈妈真是太粗心大意了，刚刚出门没有买到你想要的积木，这个礼拜天休息的时候，妈妈一定帮你买，好吗？""真不好意思，妈妈有事在路上耽搁了，让你在这儿等了老半天，今后妈妈一定准时准点接你！"这样温暖的语言抚平了孩子内心的不满，从而间接地保护了孩子的自尊心。

### 4. 避免让孩子难堪

在上文，我们也提到了在众人面前揭孩子的短会让孩子非常难堪，使其自尊心备受伤害。所以，为避免孩子经受这样的伤害，父母一定要注意自己的言行。

### 5. 多多赞扬孩子的优点

父母不要时时盯着孩子的缺点厉声指责，要多看孩子的优点和长处，并加以表扬和鼓励，这样孩子的自尊心才能更好地建立起来。

### 6. 允许孩子失败

即使孩子失败了，父母也要淡然接受，并且一定要在理解和信任的基础上，帮助孩子总结经验教训。

# 给孩子独立的空间和时间

如果孩子无时无刻不和父母在一起，父母为他们支配和安排好一切，他们只需要照做的话，那么孩子永远都不会有自主性和独立性。

逸晨今年7岁了，妈妈说他可以拥有自己的房间了，逸晨高兴极了，因为这意味着从此他便可以拥有独立的空间。但是自从有了自己的房间，妈妈的要求就变得更加严格，放学回家不准看动画片，不准玩玩具，要先写作业，写完作业后，妈妈还会另外布置习题。而且每次逸晨做作业的时候，妈妈都特别不放心，总怕他偷偷玩，所以每过十几分钟就要进来看一眼。逸晨觉得妈妈一点儿也不信任自己，心里很不高兴，而且自己还是没有一点儿自由，可他也没办法，只能默默忍受。

有条件的父母会在孩子很小的时候就为他（她）准备一个自己的小房间，而且房间往往还布置得特别漂亮。父母的初衷是好的，希望孩子可以在房间里安心地玩乐，安心地做作业。但是很多时候，这个独立的房间只是形式上的。有些妈妈不信任孩子，还是想时刻刻掌控孩子，这样的房间即使布置得再豪华，对于孩子来说也不过是华丽的牢笼罢了。

有一位妈妈就很明智，她不仅给了孩子属于自己的房间，每天还给孩子一段可以自己任意支配的时间。在这段时间里，孩子想做什么妈妈都不干涉，他可以搭积木，可以画画，可以看故事书。当然，孩子也有可能瞎忙一场，什么也没干成。不过，这并没什么关系，孩子慢慢懂得了时间的宝贵，学会了合理安排自己的时间并制订计划。

每一个孩子都是一个独立的个体，他们有自己的观念和判断。有时他们会因为缺乏生活经验而犯一些错误，但这些错误可以让孩子吸取教训，积累经验，从而不断进步。所以父母们不必大惊小怪，也不必因此而不让孩子去尝试。给孩子自由发展的空间，这可以让他们积累实践经验，这样他们在将来需要自己做选择的时候，不至于一脸茫然、不知所措。

有时候父母的爱会让孩子窒息。他们不给孩子独立的空间，限制孩子的自由活动，常常按自己的思维模式想当然地教育孩子，规范孩子的行为，认为这样就能教育好孩子。然而这往往适得其反，不但没有让孩子变得更优秀，亲子关系还出现了裂痕。

父母对孩子所做的一切无非是希望孩子成长为一个优秀的大人，将来能在社会上闯出一片属于自己的天地。但究竟什么样的孩子才能适应日渐激烈的社会竞争呢？是在父母全方位的保护下长大的胆小怯懦、毫无主见、毫无个性的孩子吗？显然不是。相信这个道理父母们都明白，只是真正做起来时却又狠不下心、放不开手，一点儿自由的空间都吝啬给孩子。

美国心理学家戴尔说过："孩子需要一些空间去成长，去证明自己的能力，去学会应对危险。不要代替孩子去做他（她）能承担的事情。如果父母包办太多，就等于剥夺了孩子提升自己能力的机会，也剥夺了他们的自立与自信。"

父母们应该时刻提醒自己：孩子是一个独立的个体，父母应该允许孩子去探索、去尝试，而不是把孩子变成一只没有自由的"笼中鸟"。父母必须给孩子一个真正意义上的独立成长的空间，在这里，孩子可以自由支配自己的时间，可以做他们自己感兴趣的事，只有这样，孩子才会渐渐有独立性和自主性。

当然，给孩子一个独立成长的空间，并不是说就对孩子放手不管了，这种自由要建立在了解孩子能力的基础上。如果孩子确实遇到了一些解决不了的难题，父母要进行指导和点拨，或是向孩子传授经验，或是与孩子一起讨论解决方法。

植物的生长需要一定的空间，动物的生存也需要一定的空间，更何况是孩子的成长。所以，父母们，适当放手，给孩子一个独立成长的空间，才是真的为孩子好！

第三章

# 不娇不惯，
# 宽严有度爱孩子

# 你的大包大揽，只能让孩子越发脆弱

"父母之爱子，则为之计深远。"做父母的，如果你真的爱自己的孩子，那就请你不要大包大揽，什么事儿都替孩子操心；也请你不要事事迁就孩子的意愿，不能孩子要天上的月亮，你也恨不得摘下来送给他（她）。有道是"惯子如杀子"，娇惯出来的孩子依赖性很强，且缺乏基本的应对挫折的能力。这样的孩子根本无法抵抗一点儿现实中的风霜雨雪。

郑女士是一家公司的总经理，同时她也是一位与众不同的母亲。郑女士结婚多年都没有怀孕，为了能够孕育一个孩子，她前往各地求医问药，终于在 35 岁那年当上了母亲。怀孕期间，胎儿也不安稳，郑女士经常出入医院，每日过得提心吊胆。最后，终于熬到儿子降生了，可是这个孩子体弱多病，经常生病住院。自出生已经有好几个月了，却比新生儿大不了多少，经常昼夜啼哭，让人操碎了心。连郑女士的母亲都失去信心了，她觉得这个孩子养不活了！可郑女士不肯轻言放弃，她毅然地辞了职，全身心地抚养孩子。白天还好说，难的是晚上，孩子一生病晚上就不肯睡，一直哭，郑女士经常彻夜不眠地抱着孩子在屋子里来回踱步。

后来，病弱的儿子终于转危为安了，可由于这个孩子前期的成长之路太波折，郑女士仍然整天紧张兮兮。她事事亲力亲为，生怕儿子受一点累、吃一点苦，恨不得把孩子再放回肚子里护着。在郑女士这样的全方位照顾下，儿子变得非常脆弱和黏人，遇到一点不如意的事就会不开心很久，也不喜欢和同学们一块儿玩耍，每天闷在家里。看着这样的儿子，郑女士很快就认识到自己是关心则乱了。理智告诉她，要想让孩子成为一个优秀的人，自己就不能包办孩子的一切。

想想自己之所以能够事业成功，勇敢地面对生活的风雨，正是源于父母从小对自己的锻炼。小时候，她的父母对她的管束极少，他们放任她自由自在地长大。当意识到自己从前的教育出现了严重问题的时候，郑女士立刻着手改变。

郑女士认为判断一个人是否优秀，更重要的在于性格，而不仅仅在于学习成绩。而在培养性格时培养孩子的独立意识和生存能力是至关重要的。所以，郑女士和丈夫商量好，从现在起，着手培养孩子的独立意识，给他成长的空间，绝对不能再像从前一样替孩子把一切都安排好。此后，她常常对儿子这么说："学习是你自己的事，为什么要父母督促你呢？自己的事情自己做，父母无法替代你活在这个世界上。为自己负责是一个男人最起码的责任。"

孩子上幼儿园中班之后，郑女士又重新走入了职场。耽误了这几年的时间，想要达到当年的高度是不容易的，所以她整天忙得不可开交，而郑女士的丈夫是大学老师，那段时间他忙着考博，没有人能腾出时间来接儿子放学。于是，郑女士耐心地教儿子认路，了解交通规则，告诉他路上要注意的问题。此后，每天下午放学后儿子都是自己回家，然后自己主动做作业。一些力所能及的小事，也都是儿子自己做。

儿子上小学之后，郑女士除了第一天陪他去报到，此后就没有再接送过孩子。她对儿子说："虽然去小学的路比幼儿园的要长，但是现在你已经认识去学校的路了，从此以后爸爸妈妈就不管接送了，一是因为爸爸妈妈都有自己的工作要忙，二是你已经长大了，你自己是可以做到的。"郑女士说到做到，哪怕是刮风下雨，她都坚持让儿子独自回家。

儿子此后只能自己解决遇到的难题，在一次下大雨却没带伞，只能等雨停了才回家的经历之后，儿子每天晚上都会查好天气，如果有雨就会记得带伞，同时还提醒爸爸妈妈带伞。儿子做功课也很主动，从来不用父母催促。在学业上，郑女士没有给儿子很大压力，她说："我不要求你次次都考第一名，只要你尽力而为就可以了。但在回答问题的时候，我希望你可以另辟蹊径，千万不要人云亦云。"

在郑女士的眼中，儿子是这样一个人：说起学习成绩，儿子只能算是中上等，但他人缘很好，在同学中间也很有影响力。而且他很坚强，百折不挠。儿子的发展符合郑女士的预期，她认为这一切都得归功于对孩子的独立性的培养。

有一次，儿子过生日的时候，总结过去一年的成长，他一本正经地对郑女士说："妈妈，你知道吗？我曾经有很多次在遇到困难的时候偷偷哭泣。"郑女士听了有些惊讶："那现在呢？"儿子轻松地笑了："现在当然不会了，不然我也不能这么坦然地告诉你。"这次对话对郑女士有些触动，她再次反省起自己的教育方法来：是不是过于理性了？是不是有失偏颇？正当她陷入自责时，儿子在校园演讲比赛中获了奖。儿子演讲的主题是关于母爱的，儿子在演讲稿中写道："我年幼时身体羸弱，妈妈为了更好地照顾我，忍痛放弃了自己的事业，如今妈妈为了能让我接受更好的教育又重新开始打拼，我觉得我的妈妈是这个世界上最坚强的妈妈。"郑女士看完儿子的演讲稿，眼睛湿润了，心里却感觉甜美如蜜。

培养孩子的独立意识非常重要，但到了具体操作的时候，可能有些父母还是无从下手，下面这几条建议，相信对父母们会有帮助。

### 1. 尊重孩子是首要前提

首先，父母要把孩子当作一个独立的人来看，如果你足够尊重孩子，就不会想要掌握孩子的一切，一点自由的空间都不肯给孩子。

### 2. 让孩子参与家庭事务，承担一部分家庭责任

养育孩子不要事事亲力亲为，不要因为孩子小、能力弱，就剥夺了孩子尝试的权利。培养孩子的独立能力可以从很多小事做起，如让孩子自己收拾书包、整理房间等，让孩子参与家庭事务，承担一部分家庭责任。

### 3. 打造民主的家庭气氛

孩子都渴望能像父母那样处理自己的事务，管理好自己，为家

庭出一份力。所以，有关家庭的一些事情，可以试着和孩子共同商定，听一听孩子的建议，而不是父母安排，孩子执行。父母打造民主的家庭气氛有利于孩子独立性的培养。

## 4. 支持孩子正当的活动

孩子可以按自己的意愿布置自己的房间。孩子和同学一起参加比赛、参加科技小组等，父母要予以支持。父母怀疑孩子的能力，禁止或限制孩子参加课外活动，都会打击孩子独立活动的积极性。

# 一味娇惯，会让孩子变得任性

心理学家认为，所谓"任性"，其实就是孩子在成长过程中接触到的新鲜事物越来越多，随着他们强烈的好奇心和多变的情绪的发展，他们更容易按照自己的喜好说话、做事，而很少关注自己的说法、做法是否合理。"任性"这种表现是很多孩子身上都会出现的，也是让很多父母头痛不已的。

林林很喜欢看电视，小时候，爸爸妈妈会有意识地控制林林看电视的时间，林林也算听话，看完自己喜欢的动画节目就会乖乖地去睡觉。但是林林越长大反而越任性了，他不仅看电视的时间不受控制，甚至喜欢上了玩手机。林林每天晚上都要拿手机玩游戏、看视频，爸爸妈妈多次劝阻也起不到什么作用，后来，林林的眼睛近视了。

近视了以后，妈妈对林林接触电子产品的问题更加关注，但是林林却不以为意，甚至对妈妈说："班上那么多近视的同学，也没见他们怎么样啊！"妈妈给他讲了近视的种种危害，但是林林仍然不为所动，妈妈只能感叹一句"太任性了"，拿他毫无办法。

不同年龄段的孩子，其任性的表现不同，父母处理的方式也应该有所差别，整体来说，可以参考以下几点建议。

### 1. 转移孩子的注意力

幼儿的注意力一般较分散，很容易被其他有趣的事情所吸引，所以，当他们出现任性行为时，父母可以利用他们的这一特点来转移他们的注意力。

### 2. 狠心拒绝

很多父母对孩子的要求难以拒绝，总是狠不下心来，尤其是当孩子哭闹的时候，其实这样对孩子的成长是十分不利的。当孩子提出一些不合理的要求时，父母应该狠下心来拒绝，比如，孩子一定要在吃饭的时间出去玩，父母可以先给孩子讲道理，如果讲不通就应该拒绝孩子，让孩子知道，一味任性是起不了什么作用的。这种行为虽然在当时可能会对孩子造成一定的打击，但是从长远来看，是利大于弊的。

### 3. 探寻孩子任性的根源

很多时候，父母只会看到孩子任性的表象，却不了解孩子任性的真实原因是什么，在教育孩子的时候往往不得其法。其实，当孩子出现任性行为的时候，父母应该通过多种方式去了解孩子的真实想法，让他们说出自己的"道理"。比如，孩子非要买某件衣服，父母通过了解发现，这是因为孩子和几个要好的同学约定好了穿同款，这似乎是一种"哥们儿义气"的表现。这个时候父母就可以给孩子做思想工作，让孩子明白，真正的好朋友不在于衣服穿得是否相同，而在于能不能互相帮助和鼓励，一起成长进步。

### 4. 在任性行为发生前做好预防

父母与孩子朝夕相处，对孩子的性情非常了解，也常常能够判断出孩子在什么情况下可能出现任性行为，就可以有针对性地对这些行为做好预防工作。比如，孩子喜欢在外人面前表现自己，一旦得不到相应的关注就会发脾气，对此，父母可以提前给孩子做好心理工作，比如，有人来家里做客之前，先跟孩子约好什么事可以做，什么事不可以做，或者希望孩子在客人面前怎么表现等。提前采取一些预防措施，可以有效降低孩子任性行为的发生频率。

### 5. 树立家长的威信

很多父母在孩子眼里都是保姆一样的存在，因为孩子可以随意要求父母做什么，甚至是命令父母做什么。这样的家长就不是有威信的家长，没有威信就管不住孩子，管不住孩子，孩子的任性行为就会越来越严重。所以，父母在平常的教育过程中，既要关心孩子，与孩子保持朋友式的交流，还要在孩子犯错的时候严肃地指正，这样才能树立家长的威信，而有了威信的父母，就更容易用自己的行为影响孩子，更好地帮助孩子抑制任性行为。

养成任性习惯的孩子，不仅在学校的日常生活中不会受到欢迎，而且很容易受到孤立和排挤。父母如果听之任之，甚至继续娇惯，这种不良品质就可能影响到孩子的未来发展。所以，父母一定要从自身做起，不娇惯孩子，并用科学的教育方法帮助孩子改正任性的缺点。

# 奖罚分明，是高明的教子智慧

奖罚分明能够激励孩子的正确行为，制止孩子的不良行为，同时还能激发孩子的兴趣，让孩子积极地去做父母要求的事情。需要注意的是，奖罚要适度，不能过度。

奖罚无论大小，都会在孩子的心理上产生影响，一个人常常吃药会产生抗药性，孩子对奖罚也同样有适应性。单从惩罚的角度来说，要避免小错大罚、大错小罚，更要避免体罚孩子。孩子年纪小，需要父母的保护，父母的体罚会让孩子的身心都受到严重伤害。

为了让奖励达到更好的效果，父母要把有条件奖励和无条件奖励结合使用。有条件奖励，即和孩子协商决定做什么事、达到什么样的标准、给予孩子怎样的奖励；无条件奖励，即只奖励孩子积极主动去做的、意料之外的好行为。专家建议，奖励不宜过于频繁，否则就会起到反作用。过多的奖励，会让孩子失去内部驱动力，把一切事情都与奖励密切联系，做任何事情都是为了得到奖励。由此可见，对孩子的奖励要适度，避免泛滥，要区分不同的事情，而非凡事都给予奖励。

有些父母生搬硬套现代管理手段，不愿了解孩子内心真实的想法和感受，只是根据孩子的表现进行奖惩，甚至把孩子每周休息时间都与学校里小测验的成绩排名挂钩。这样的做法明显属于奖罚不当，必然会导致孩子不服气、不情愿。其实，即使奖罚标准正确，也难以避免奖罚过度，无法达到预期的教育效果。奖罚既要有理、有度，还要有效，这样才能达到教育的目的。

父母应该保持奖罚分明的态度，该奖励时就奖励，该惩罚时就惩罚，真正做到有理有据、有张有弛。奖励与惩罚，应该以孩子的需要作为基础适时调整。父母只有把握孩子的需求，才能让奖惩达到良好的教育效果。

处罚孩子时，父母的态度必须前后一致、明确，不公平的惩罚会伤害孩子的内心，使孩子无法正确评价自己，还有可能仇视和抱怨父母。因此，父母要慎重地惩罚孩子。当孩子总是犯同样的错误时，当孩子对心平气和的说教不以为意时，当孩子不愿意听父母所讲的大道理时，父母可以给孩子小小的惩罚，并且明确地告诉孩子应该如何做、达到怎样的要求或标准，也要告诉孩子如果达不到要求将会有什么后果。父母一定要帮助孩子确立改正的目标，这样教育的效果才会更好。

天天和姥姥、姥爷一起生活，到了该上学的年纪，妈妈才把他接到身边。这个时候，妈妈发现天天在长期与姥姥、姥爷生活的过程中养成了很多坏习惯：贪玩、专注力差、做事粗心大意、不喜欢读书。为了帮助天天改掉坏习惯，妈妈进行了各种尝试，但是收效甚微。小学三年级时，天天的学习成绩很糟糕，在班里是倒数第五名。

妈妈很苦恼，也非常着急，因为妈妈很清楚，如果天天继续保持这样的学习状态，就会缺乏信心，也不利于其成长和发展。为了尽快帮助他克服缺点，妈妈越来越急躁，失去了耐心，患上了"急躁症"。妈妈迫不及待地采取"高压式"教育方式，每次检查作业时，只要发现天天对待作业敷衍了事，妈妈就会狠狠地训斥他，希望以此来帮助他认真完成作业。

然而，半年过去了，妈妈的方法丝毫没有达到效果，天天因为害怕妈妈的训斥，压根儿不愿意和妈妈谈论关于学习的事情，还总是向妈妈隐瞒老师布置的作业，不想把作业交给妈妈检查。妈妈明显感到天天正在承受巨大的学习压力，对待学习的热情持续下降，回到家里沉默寡言，偶尔和自己说话也是一副心不在焉的样子。

妈妈认真地反思自己的教育方式，尽管天天是自己的孩子，但是她并不了解天天，也不够关心他，尤其是教育他的方法根本不科学。从此之后，妈妈非常认真地观察天天的言行举止，不再对他居高临下，而是非常关心他。每当天天有了小小的进步，妈妈就会开心地表扬他。为了帮助天天克服畏难情绪，重新激起他对学习的兴趣和热情，每次检查作业，尽管看到天天的作业并不完全符合要求，妈妈也努力地找出他作业中的闪光点，及时表扬他。

在妈妈的努力之下，天天的学习表现越来越好，取得了很大的进步。早晨来到学校，天天见到老师主动问好："老师，早上好。"虽然他的声音有些小，但和以前总是害羞地低着头相比，他的表现好多了。

此外，天天还学会了为他人着想。在爷爷奶奶接送他上学放学时，他懂得关心爷爷奶奶，不会再跑得飞快，让爷爷奶奶气喘吁吁地跟在他身后追着跑了。

虽然天天还没有完全做到积极勇敢地表现自己，但进步还是很明显的。妈妈非常欣慰，也相信他一定会越来越自信，不断进步和成长。

在奖励和惩罚孩子时，要做到以下两点。

### 1. 不要伤害孩子的自尊心

每当孩子做错事时，很多父母动辄打骂孩子，这对教育孩子是很不利的。针对惩罚，要和奖励一样把握好度，过于频繁地惩罚孩子会降低惩罚的作用。众所周知，惩罚孩子的目的是让孩子有更好的表现，所以要根据孩子的行为确定惩罚的轻重。惩罚过重，孩子会产生抵触情绪；惩罚太轻，又无法对孩子起到惩戒作用。惩罚孩子要始终牢记本心，既不要过于严厉，也不要轻描淡写。有研究机构经过调查发现，很多孩子正是为了逃避父母的打骂，才采取撒谎的方式掩饰真相。孩子的心思很单纯，他们误以为只有撒谎才能掩盖过失，保护自己。如果孩子第一次撒谎成功，接下来就会得寸进尺，在谎言的陷阱中越陷越深。谎越撒越大，需要更多的谎言来圆，孩子撒谎的行为也就越发恶劣。在谎言的保护下，孩子会做出很多出格的行为，甚至走向歧途。在现实生活中，这样的事情有很多，可见，父母对孩子的奖罚必须讲究分寸，把握尺度。

孩子的接受能力没有成人那么强。诸如恶言恶语、侮辱谩骂，都超出了孩子的承受能力，很容易伤害孩子的自尊心。父母切勿盲目行使为人父母的权利，而是要牢记惩罚孩子的最终目的。父母要知道，孩子不但有自尊心，而且自尊心很强，内心也非常敏感。生活中，很多父母在批评、惩罚孩子时满口脏话，导致教育的效果大打折扣，根本不能有效地说服孩子。

### 2. 奖励和惩罚要及时

父母要知道，孩子的心理处于快速变化之中，如果奖励拖延，就会使孩子忘记自己为何能够得到奖励，使得良好行为与奖励无法形成因果联系，奖励的效果会大打折扣。不及时奖励，会导致孩子的积极性受到严重打击，自尊心也受到伤害，因为他们会觉得父母对自己并不关心和看重，所以不愿意继续坚持做出良好的表现。

有些父母还会对孩子食言，因为各种原因，不兑现对孩子的承诺。明明说好今天要去做的事情，以有事耽误为由推到明天、后天，又推到大后天。这种做法对于发挥奖励的积极作用极为不利。当父母接二连三地爽约，时间久了，孩子就不再期待了。为了让奖励发挥作用，父母必须说到做到，言行一致。

总而言之，父母奖罚不当，就会向孩子传达错误的信息和观念，也会使孩子养成不遵守诺言的坏习惯。要使奖罚效果显著，就必须选择恰当的奖罚方式，抓住最佳时机进行奖罚。

　　奖励绝不是简单地给孩子一些零花钱，或者送给孩子一件小礼物，惩罚也不是单纯地打孩子屁股。奖励和惩罚孩子都是家教的艺术，也表现出父母的教育智慧。要想让奖罚达到预期的效果，父母一定要恰当运用奖罚的教育方法。

# 忍住不要插手，别给孩子依赖你的机会

人活一世，总会对某些人、某些事有所依赖，这就像小草依赖阳光、鱼儿依赖水一样，但是如果这个依赖超过了一个度，那就不好了。过度依赖的例子在现实社会中屡见不鲜，有多少孩子凡事都等着父母去做？有多少孩子成为巨婴，成年了还向家里伸手要钱？而这些现象之所以出现，是因为父母的溺爱还是孩子的无能？

读了下面的故事你就会知道答案。

一处大庄院前，站着一个衣衫褴褛的乞丐，他的左袖管是空的。他敲响庭院的门，乞求这家的主人施舍给自己一些钱。乞丐向来生存在别人的同情中，依赖别人的施舍已经成了习惯，所以此时他理所当然地向这家主人乞讨。

然而，出乎他意料的是，这家主人并没有像其他人一样立刻给他钱，而是指着一堆杂乱的木柴说："你帮我把它们搬到厨房门口吧。"乞丐很生气，说："我只有一只手，怎么搬？不想给就不要给了，何必为难人呢？"主人听了没有反驳他，而是将一只手背到身后，用另一只手去拿了两根木柴运到了厨房门口，他对乞丐说："这不是可以做到吗？"

　　乞丐先是一怔，而后又像是明白了什么，立即学着那个人的样子，花了两个小时将所有的木柴搬到了厨房门口。此时乞丐已经累得瘫坐在地，汗水混着灰尘从他的脸上流过。主人递过来一块毛巾，乞丐道了声谢，然后接了过来，这时主人又递过来一两银子，乞丐感激地接过来，并连连道谢，这家主人却说："无须谢我，这是你用自己的劳动挣来的，是你应得的。"乞丐的双眼中隐隐有泪光闪动，像是下了什么决心一样，向主人深深地鞠了一躬，就离开了。

　　不久，这家庭院又来了一个乞丐，主人将乞丐带到厨房门口那堆木柴前，要求他将其搬到院子的一个角落里去。这位乞丐双手一背，愤怒地走了。他不是没有能力做这件事情，只是习惯了依赖别人的施舍生活。

　　主人家的儿子见了前后两位乞丐的事情，问父亲究竟想将木柴放在哪里。父亲摸摸儿子的头说："儿子，木柴放在哪里不重要，重要的是对方肯不肯放弃自己一贯依靠别人施舍过日子的习惯，接受我所提出的以劳换酬的方法。"从这以后，院子里又陆续来过几个乞丐，那堆木柴有时放在原地不动，有时被搬来搬去。

　　时光匆匆，多年过去了。一天，院子里突然来了一位气宇轩昂的男子，他脸上挂着自信的笑容，唯一美中不足的是他没有左臂。他踏进院子的第一件事情就是紧张地询问这家的主人在不在，当他看到阳台下坐着的那位满头银发的老人时，激动地快步走上前，向老人鞠躬致谢，他说道："虽然您说过不需要我的感谢，但是我还是来了，请您原谅。如果不是您当初点醒我，我现在可能还在某个角落等别人施舍，也可能已经饿死了。而现在，我凭借自己的力量开了一家茶馆。"那位主人虽然已经不记得这是自己帮助过的哪一位乞丐了，但是他真心感到欣慰。这位先生还想要重金报答他，他表示了拒绝，并说道："你如果真的想报答我，就应该去点醒更多像当年的你一样的人。"

的确，如果没有遇到这家主人，那个乞丐也许会永远依赖别人的施舍度日，而忘记了自己具备生存的能力。父母对子女的教育也是一样，如果父母一味地满足孩子的一切要求，替孩子去做所有的事情，那只能让孩子变得依赖性特别强，他们会习惯性地说："我不能，我做不到……"这样是害了孩子。家长应该做的是教育孩子走出依赖他人的舒适圈，有一天他会对自己说："我能。"

第四章

## 父母这样引领，
## 孩子在逆境中也能勇敢前行

# 放开手，让孩子直面挫折

孩子在成长初期就像稚嫩的幼苗，没有经历风吹雨打是很难成长为参天大树的。从这一方面来讲，挫折是锻炼孩子和让孩子成长的重要一课，只有接受过挫折的教育，才能真正认清生活的本质，只有接受过挫折的教育，才能真正成长起来。娇生惯养的孩子面对挫折时，永远认识不到自己的主观能动性，也没有自信去战胜任何困难，更没有钢铁般的意志力。

"真正的勇士敢于直面惨淡的人生，敢于正视淋漓的鲜血。"每个孩子都应该在挫折与困难来临的时候，拿出勇气来正面应对。因为在挫折面前逃避没有用，反而显得懦弱，这样的孩子长大后多数没有自信、不够坚强。此时父母的教育尤为重要，父母应该教育孩子勇敢地直面挫折。

父母要想使一个孩子成才，能有百折不挠的精神去攻克各种难关，就要求父母必须从眼下开始，有意识地去培养孩子坚强的意志。不要觉得孩子小而舍不得锻炼孩子，溺爱孩子只能毁了孩子。

金阳刚刚从小学升到初一，就迎来了一次考验。初中有晚自习，因为爸爸妈妈平时工作很忙，顾不上金阳的学习，就干脆让金阳和其他孩子一样在学校住宿。妈妈把金阳送到学校去，仔细叮嘱了一番，说："阳阳，爸爸妈妈给你找的学校教学质量非常好，我们平时工作忙没空过来看你，你现在已经长大了，一定要在学校好好学习，学会照顾自己。"其实，父母也是在有意识地锻炼金阳的独立能力，他们认为男孩子不能总是依赖父母，有父母时时刻刻在身边，孩子就想永远依赖父母，不肯主动去面对困难。不受点儿苦，怎么能成长为一个真正的强者呢？

独立生活对一个12岁的小男孩来说确实是一个挑战，学习还是像以前一样紧张而充实，但生活却发生了很大的变化。父母不在身边，生活上一切大大小小的事情都要自己打理，要自己洗衣服，自己打热水，自己叠被子，自己去买生活用品，还不能看电视，不能上网，食堂的饭也没有家里的好吃……这样的生活与原来有天壤之别，天大的委屈向金阳席卷而来，他委屈地给妈妈打电话："妈妈，我在学校里一切都不习惯，我要回家，我不在这里上学了……"金阳刚说了一个开头就被妈妈打断了，妈妈"严厉"地说："金阳，你已经长大了，怎么这么点儿困难都克服不了？爸爸妈妈还希望你能在这个学校提高成绩，结果你现在就要放弃了。你周围的同学能坚持下来，为什么你不行？"

被妈妈教育了一通后，金阳还是没有调整好心态，他在学校的状态依然很不好，和室友的关系也处理得不好，整天愁眉苦脸，学习状态也受到了影响。通常一个人的精神状态不好，身体也就容易出问题，很快金阳就感冒了。本来生病了就该好好吃药，吃穿也要留心，但是金阳完全不知道怎么照顾自己，这就导致他晚上发了高烧。他逼着自己爬起来，拖着虚浮的脚步去了校医务室打了针，打了三天针，按时吃了药，感冒才有所好转。医生们都纷纷夸金阳说："这位同学真坚强，感冒这么严重都没有哭着找家长过来，全靠一个人熬过来了！"金阳自豪地笑了，从这以后他彻底改变了自己糟糕的住校生活。

上面案例中的父母非常明智，毫无疑问，他们的教育是成功的。不同于大多数父母溺爱孩子，这对父母让孩子从小体验独立的生活，独自去面对大大小小的难题，体验挫折，这便培养了孩子坚韧的性格和超强的抗击打能力。事实证明，这是一种很好的教育方式。

也许有的父母不认同上面这种教育方式，认为这种教育对孩子太狠了。觉得自己小时候吃苦是因为家里没有条件，现在生活条件好了，为什么还要孩子去吃那些苦？的确，现在的很多父母不管男孩儿女孩儿一律富养，孩子平时零花钱不断，出门家里人前前后后陪着，全方位呵护孩子。但是这样的教育是成功的吗？可以看到，许多孩子明明已经不小了，受了委屈或是遇到困难，首先想到的还是扑到爸爸妈妈的怀里，平时父母有让他们不如意的地方，就大发脾气。这样的情况想必不是家长想看到的。

父母教育孩子的眼光要放长远些。美国有一句谚语："爱孩子是老母鸡都会做的事情。"的确，爱孩子是父母的本能，但教育好孩子却不是人人都能做到的。教育孩子不应该只考虑眼前，更多的应该是为孩子做长远的打算。身为父母要有客观判断的能力，不能因为孩子的撒娇要赖就放弃自己的原则，也不能只根据自己的喜好选择不适合孩子的教育方式。父母需要给孩子的是能令他们长久发展下去的教育，父母应该"狠下心"来，培养孩子直面挫折的勇气，帮孩子寻找突破难关的方法，让孩子树立起勇往直前的信心和决心。这才是真正的爱孩子、教育孩子。

　　孩子的可塑性很强，父母教育孩子的一个重要的目标应该是将孩子塑造成一个优秀的人，而一个优秀的人一定具备自信、自尊、自强等品质，这些品质的养成离不开与挫折的对抗。因此，让孩子勇敢地直面挫折无疑是最有用的教育。

# 告诉孩子，再来一次

人生之路不总是平坦的，常常会遇到大大小小的坎坷。对于孩子来说，过于一帆风顺并不是好事，会让他们丧失警惕心理和抗击打能力，面对挫折和失败时不知所措，甚至在被击倒后一蹶不振。只有经历过一些逆境，才能磨炼他们的毅力和意志，让他们成长的根基更加坚实。所以，父母必须在孩子遇到一些挫折和失败时告诉孩子：不必抱怨，不要逃避，鼓起勇气再来一次吧！

科学家做过一次这样的实验：他们把一条梭鱼放在有许多小鱼的大鱼缸里，鱼缸中间放一块透明的玻璃板，将梭鱼和小鱼隔开。梭鱼饿了，就朝着小鱼扑过去，每次都一头撞上玻璃板。慢慢地，梭鱼撞击的频率和力度越来越小，最后它绝望了，放弃了努力。这时，科学家取走了鱼缸里的玻璃板，这时尽管梭鱼再饿也不会朝小鱼的方向冲击了。更令科学家们感到意外的是，即使有小鱼冒失地游到梭鱼附近，它也不再张嘴。最后，这条梭鱼竟然在食物丰富的鱼缸里饿死了。

梭鱼的捕鱼本领并没有退化，但是无数次的碰壁让它丧失了继续尝试的勇气，甚至开始质疑自己的能力，直至彻底绝望。人类比梭鱼的智力不知高多少倍，但很多时候也像这条梭鱼一样，由于一次或几次碰壁、失败就彻底丧失了尝试的勇气，也因此失去了改变人生的机遇。

想必每个父母都不想让孩子变成"鱼缸中的梭鱼"，因此父母必须要让孩子明白这样一个道理：我们付出努力做某件事，有可能成功，但也有可能失败。成功固然值得欣喜，但是失败了也不要过分沮丧，更不要丧失再来一次的勇气。成功之路往往不是一帆风顺的，爱迪生发明电灯时，为了找到合适的灯丝，试验了上千种材料，也就是说遭受了上千次的失败才成功，他遭到的打击有多大我们可以想象。所以，与这些伟大人物遭受的失败相比，我们遇到的小小挫折又算得了什么呢？

当然，孩子毕竟还小，内心是敏感而脆弱的，并不能与历史上的伟人相提并论。所以，在他们遇到困难或失败时，不能让他们自己扛下来，默默舔舐伤口，因为这样可能会对他们的人格造成不良影响。作为父母，应该清楚这个时候的孩子是极需情感安慰的。在孩子遭遇失败时，父母依然要送上自己的喝彩与掌声，哪怕只是一句简单的表扬、一个关切的眼神，都会让孩子获得勇气，觉得不是自己一个人在战斗。鼓励孩子时，并不用讲多少大道理，不妨简单地说："这样的成绩已经很不错了，妈妈相信你下次肯定能赶上来的。""没关系，想一想这次是哪里出了问题，爸爸相信再来一次你肯定会成功的。"如果孩子产生畏难心理甚至对失败产生恐惧，应该说："爸爸妈妈跟你站在一起，你还怕什么？大胆地再来一次！"

有一点值得注意，那就是孩子心智尚不成熟，有时候在遇到挫折后会无理取闹，听不进去任何道理。正如一个家长说的："我4岁的儿子最喜欢搭积木，但他非常缺乏耐心，一旦积木倒了，就会大声哭闹，勉强再来一次就变得更加毛手毛脚，当快要搭成的积木再次倒塌，他就又大发脾气，把积木乱摔一气。"面对这类孩子，父母不能根据孩子的表面行为轻率地作出判断，而是要静下心来揣度孩子的深层次需求。父母要知道，孩子都想尝到成功的喜悦，但是他们缺乏经验，所以会在挫折面前变得不知所措、乱发脾气。父母不妨给予适度的赞美，告诉孩子："你看，这座高楼搭得多么漂亮啊，虽然只差一点没有完成让人遗憾，但是我相信你下次一定会搭出更漂亮的。再来一次吧！"

美国儿童心理学家提出的"3C法"可以为父母帮助孩子走出心理困境提供借鉴。所谓的"3C"，是三个英文单词的缩写：Control（调整）、Challenge（挑战）和 Commitment（承诺）。

"调整"，是指在孩子遇到挫折时，帮他们进行心理上、情绪上的调整，最重要的是让他们认识到"困难并不等于绝境"。心理学家给出了一个调整的例子：孩子数学没有考好，父母可以这样调整他的心态："你数学没考好，我知道你心里不好受，但其他科目你考得都不错啊！"

"挑战"，是指给孩子制造一个心理挑战，使他们能够在沮丧中迅速振作，积极准备迎接下一次挑战。例如，对于上面那个数学没考好的孩子，父母可以这样"挑战"他："我知道你是个追求上进的孩子，你不会因为这一次考试就退缩了吧？我相信你是不怕挑战的人，下次你的数学一定能考好。"

　　"承诺"，指父母对孩子做出承诺，让孩子找到继续努力的目标和意义。例如，同样是这个孩子，父母可以告诉他："爸爸妈妈一直以你为荣，虽然这次数学考试失利了，但是我们知道你是认真考了的，还是为你感到骄傲。下次数学考试如果你能考好，我们就带你去你最想去的城市旅游，怎么样？"

# 克服困难能让孩子获得前进的动力

几乎所有失败都与不自信息息相关。

自信并非成功之后才相信自己能成功，而是一直坚信自己能成功。自信是一个人意志与力量的体现，同时它也是一个人最值得为之骄傲的心态之一。

想要获得成功，除智力因素外，还要有健康积极的心态。所以，在孩子追求自己的目标时，父母要让孩子相信自己追求的目标是正确的，同时也要相信他一定能完成目标。

自信心有很多种，如亚圣孟子曾说"尧舜与人同耳，人皆可以为尧舜"，这里所讲的是道德自信心；李白高唱"仰天大笑出门去，我辈岂是蓬蒿人"，这是能力自信心；相信自己可以学好，并努力提升学习效率，这是学习自信心；相信自己能做好工作，实现自己的事业目标，这是事业上的自信心等。

自信对人的成长和发展有着极大的促进作用。若一个孩子是自信的，那他往往也是积极乐观、主动接受挑战并不断进取的；若一个孩子缺乏自信，他就会总是表现出柔弱、恐惧的心理，并会因此失去许多能够锻炼自己的机会，从而影响自身的发展。

对各位父母来说，并不是空喊几句口号就能培养起孩子的自信心的，父母要做的，是让信心在孩子的灵魂深处扎根，然后随血液流遍全身，这样才能真正促使孩子在生活、学习、工作中获得成功。

### 1. 告诉孩子"你不是普通人"

某名校进行国际MBA招生考试时，有4000名少年参加了考试，最后被录取的仅62人，其中就包括小翔。

小翔非常自信，并且特别善于抓住机会。小翔的母亲认为，他之所以能考上，全靠极大的自信，她认为，对孩子的成长有巨大积极作用的心态就是自信。

小翔能如此自信，和母亲的欣赏分不开。当他遭遇困难的打击时，母亲从不给他压力，反而表扬儿子走过的路，并帮他做回顾。她常对小翔说："儿子，你要永远记住自己不是普通人，尽管目前表现寻常，但只要你付出努力，你将绽放出自己的光彩。"

MBA国际班对英语水平要求很高，听、说、读、写必须样样精通，小翔从没在外语语境下生活过，口语能力较弱，所以进国际班之初他感到压力特别大。

母亲看到这样的情形，只是鼓励他："我相信你能行！"就再也没有说什么了。

小翔看到母亲相信又期盼的目光，坚定地说："我相信自己，努力下功夫，肯定没问题。"

自此以后，他比同学努力数倍，仅仅半学期，他就在期中考试中取得了好成绩，获得了一等奖学金。

### 2. 用鼓励代替嘲笑

孩子自信心的培养并不是一朝一夕的，而是一个不间断的过程，所以，无论什么时候，当孩子勇敢向超出自身能力的目标发起挑战时，父母一定不要带着嘲笑的心思去"指导"孩子。要知道，当孩子敢于"做梦"的时候，就是他走向不平凡的开始。故而，明智的父母会用鼓励代替嘲笑，不断给孩子的自信心添砖加瓦。在鼓励中，孩子才更能找到自信。若父母常常对孩子加以指责和嘲笑，孩子就容易失去自信。

11 岁的一诺特别喜欢写字，尤其是毛笔字，不用任何人督促，她每天都会练习2小时。一次一位客人知道了一诺的这个习惯，就问一诺的妈妈："你家孩子怎么能这么自觉地去练字呢？而且她看上去是发自内心的热爱练字。"妈妈很骄傲地笑着说："我虽然写字不行，但是我会欣赏我的孩子，每当她写字的时候，不论是好是坏，我都会鼓励她说：'一诺，你看，你今天又有了进步哦！'我就是她最忠实的粉丝，她也喜欢写给我看，还说每个月一定要专门给我写一幅字。"

由此可见，要想让孩子越来越自信，父母就要不断鼓励。在鼓励孩子时，父母要坚持"不过分表扬孩子，以免孩子产生骄傲情绪"的原则。请随时地、恰当地鼓励孩子，这样他才会不断提升自信心。

### 3. 有自信就没有失败

事实上，每个孩子都需要包容。可是，父母很多时候却不能包容孩子的缺点，这是因为父母并没有想到，孩子每天都在成长，此时的缺点在未来可能会转化为最大的优点。

据说，伟大的发明家爱迪生为了找出最适合做灯丝的材料，足足做了 1000 多次试验。他失败了这么多次，究竟是怎样坚持下来的呢？爱迪生说："我并不认为这些是失败，每次做完试验，就算没有找到合适的灯丝，我也很高兴，因为我知道了这个材料并不合适。"

这便是自信。真正拥有自信的人，他的头脑中并没有失败这个概念。失败属于瞬间词汇，它所代表的，仅仅是追逐目标和理想过程中的一个阶段。自信的人坚信自己迟早会完成目标，因此对于走弯路是接受的，他们也对暂时失败带来的打击毫不畏惧。

事实证明，告诉孩子"可以失败"会降低孩子的失误风险。在孩子主动请求去做一件事的时候，尽管父母明知道结果是失败，也要让孩子去尝试，这一点非常重要。父母若是对孩子所做的每件事都不放心，并常因此过多地帮助孩子完成，这样就会打击孩子的积极性，阻碍其成长。

所以，告诉孩子"我相信你"和"可以失败"，对孩子的成长来说是多么重要啊！

# 一场考试决定不了孩子的未来

相信很多人小时候都做过类似的事情，在考得很差的试卷上，将红色的"3"加一笔改成"8"，或者是将"1"改成"9"。当然，我们的每一次"暗箱操作"都没能逃过父母的火眼金睛，甚至会因此挨一顿打。其实，这些事情回忆起来是很有趣的，但是如果我们深入地想一想，为什么那么多孩子在上学的时候热衷于改成绩，就会发现，原来孩子是那么害怕考试带来的挫败感以及一连串的后果。而这种对于考试失利的惊慌从何而来呢？我想，还是跟家长的态度脱不了干系。

小获又回家晚了。只是这一次晚归，不是因为贪玩，而是因为他的书包里多了一份沉甸甸的试卷。那是这次测试的试卷，他早就知道自己会考不好，但是成绩真的出来的时候还是害怕得心跳加速。

小获磨磨蹭蹭地回到家，见妈妈正在厨房里忙碌，爸爸在客厅看电视，小获特意放轻了脚步，想要悄悄地走到自己的卧室。"小获……"爸爸叫住了他。他只好转过身，走到爸爸的身边。"试卷发了吗？"爸爸放下手中的遥控器，严肃地问。"没……没有……老师没发。"小荻的声音低到几乎听不见，说完就赶紧溜进了房间。

吃饭的时候，小荻使劲地往嘴里扒拉着饭菜，恨不得马上离开餐桌。妈妈看着小荻，严肃地说："小荻，我刚才都问过李阿姨了，李阿姨说她家明明的试卷都发了，你怎么又撒谎呢？"还没等小荻说话，爸爸也搭腔了："是啊！你哪次考好过？我们又不是不知道你……真是笨到家了，亏我们还给你报了辅导班，简直是白花钱……"小荻胡乱地扒拉着碗里的米饭，终于忍不住掉下泪来，他猛地站起身，跑到自己的房间，把一张满是错误的试卷拍到爸爸妈妈的面前，大声喊道："你们看吧，这就是我的试卷，我就是没考好！我就是笨蛋！你们不想要这样的笨蛋就把我丢掉好了！"说完又回到自己的房间，锁上房门，再也不出来。

妈妈见小荻这么激动，一时之间也急得掉了眼泪，她也是第一次意识到，自己和丈夫对成绩的重视已经严重伤害到了孩子的心灵。

像小荻这样的情况并非个例，很多家长都把考试放在至高无上的位置，似乎只有考好了，才能证明自己的孩子是个好孩子。考试失利的时候，父母只顾着将自己的情绪发泄出来，却没有关注到孩子的心情。考试失利的时候，最难过的其实是孩子。他们要承受老师的否定，要承受一些同学的看不起甚至是挖苦，还要承受内心的挫败感，最严重的是要承受父母对他们的态度。他们极其渴望父母能在这个时候看到他们的失落，希望能得到几句安慰，可是身边都是向他们"讨说法"的人。孩子在面对考试失利的时候，才是最孤立无援的那一个。

作为父母，应该在孩子心灵受伤的时候及时地给予关注和安慰，让孩子感受到家庭的温暖，帮助他们尽快地走出悲伤情绪。当孩子一脸丧气地回到家，爸爸妈妈可以给孩子一个拥抱，用温暖的眼神告诉他，即使是考试失利了，家仍然是那个温暖的家。还要问一问孩子："是不是没考好被老师批评了？被同学嘲笑了？担心爸爸妈妈责怪吗？"同时告诉孩子："只要在这次考试中吸取教训，总结自己的问题，在之后的学习中慢慢改掉，你也是可以考好的，爸爸妈妈都对你有信心。"这样，孩子才会克服考试失利的阴影，重新振作起来，也会看到父母对自己的期望，从而更坚定地努力向前。

卢苇对自己的学习要求非常高，尤其是英语学科，因为他特别喜欢英语，而且是班里的英语课代表，所以考满分对他来说并不是难事。但是，这一次考试，卢苇的英语却只考了85分，虽然老师也说这套题比较难，很多学生都没有发挥好，但是卢苇仍然无法面对这个成绩。

卢苇回家之后，一副闷闷不乐的样子，妈妈大概猜到了什么情况，便对卢苇说："对我们来说，没有什么比你开心、比你坚强更重要的了！考试对我们来说也不重要。一次失利不代表你的人生会失败，不是吗？"卢苇抽泣着说："这样的成绩简直让我想撞墙！我觉得我对不起老师，对不起你们……"妈妈心疼地轻抚着卢苇的背，说："你考得好或者不好，都是我们的好孩子，以后不管你成为什么样的人，我们也都一如既往地爱你。当然，妈妈知道，你是一个上进的孩子，你会越来越好的，我们都相信你，你也要相信自己！"卢苇擦擦泪水，用力地抱了抱妈妈。

同样的情况，完全不同的态度。有些孩子在考试失利后得到的是讽刺、责问，甚至是打骂，有些孩子得到的却是安慰、鼓励。而你又是什么样的父母呢？你的孩子又愿意生活在什么样的家庭中呢？

聪明的父母，都会帮助孩子分析考试失利的原因。一般来说，考砸的原因无非基础不牢、粗心大意、考试紧张、学习方法有问题，等等。只要我们帮助孩子找到考砸的原因，并且告诉他们下一次注意这个问题就可以了。如果孩子平常就马虎大意，我们可以让孩子在平时做作业的时候就养成自己检查的好习惯；如果是学习基础不牢固，可以帮助孩子梳理课内的基础知识，每天鼓励孩子进行复习巩固；如果孩子总是考前焦虑，我们也可以在考试前带孩子出去放松一下，临考试之前不要跟孩子说期望他考什么样的成绩，送孩子去考场的时候，告诉孩子，考不好也不会受到惩罚，等等。

另外，如果孩子感情比较细腻，心思敏感，父母除了给孩子分析考砸的原因之外，还要注意措辞，不要用过激的言辞伤害孩子。父母可以告诉孩子，虽然某一科没有考好，但是其他科目还是有进步的，或者告诉孩子，虽然总体的分数不是很高，但是比上一次有了明显的进步等，让孩子在父母的鼓励中重新振作，找回自信。

但是，如果孩子对于自己考砸的事情丝毫不放在心上，甚至觉得考成这样根本不是自己的问题，或者出现觉得别人的成绩都不真实、忌妒别人的表现的时候，父母就要对孩子说点儿"狠话"，告诉孩子，自己做的事情自己要承担后果，没有复习好的内容，在考试以后仍然要重新复习一遍；告诉孩子，其他人考得好一定是有原因的，要向别人学习；也可以采用激将法："既然你这么厉害，你就考好了来给我们证明一下啊！不要总是纸上谈兵……"这样有助于激发孩子的好胜心理，达到良好的效果。

无论什么样的孩子，无论考试结果有多差，父母都要付出足够的耐心和宽容，帮助孩子从考试失利的阴影中走出来。而且，要通过家庭给予的温暖告诉孩子，考试失利并不代表人生的失败。人生的精彩全靠自己努力。

# 培养心理承受力，让孩子百折不挠

　　居里夫人曾经说过："我从来不曾有过幸运，将来也永远不指望幸运，我的最高原则是：不论对任何困难都决不屈服！"她是世界上第一个两次获得诺贝尔奖的人，正是她面对挫折和困难时的那种永不服输的精神，帮助她取得了这样伟大的成就。

　　挫折对于正在成长的孩子来说是一方良药。无论是谁，没有尝过生活中的苦，就永远品尝不到真正的甜；没有经历过坎坷的人，就永远享受不到成功的喜悦。

　　面对挫折百折不挠、顽强不屈是每一个成功的人都具备的品质。由此可见，培养良好的承受挫折的能力，对孩子来说是极其重要的。

　　挫折教育成为近几年来众人口中的热门话题。把孩子放在艰苦的环境中，一改娇生惯养的坏习气，逐渐磨炼意志，获得在黑暗中从容漫步的勇气和能力，培养他们的韧性、耐挫力和受挫后的恢复能力，以使他们懂得感恩自己正在拥有的，珍惜别人所给予的，并敢于去争取自己所没有的，从而激发他们寻找幸福的本能。这种教育能使孩子在挫折和苦难到来时从容面对，扛住压力，迎难而上，这样的教育才是真正对孩子好的。

很多父母都舍不得让自己的孩子去经历艰难困苦，总想帮孩子扫清前路上的一切障碍。然而父母应该明确的一点是，现实的人生之路本就是坎坷曲折的，前路上未知的考验数也数不清，孩子自己的人生之路要让他自己去走，父母只能指导，不能代替。

奥斯特洛夫斯基曾经说过："人的生命似洪水奔流，不遇上岛屿和暗礁，难以激起美丽的浪花。"没有经历过风雨洗礼的孩子，难以拥有辉煌的人生。

早在远古时代，挫折教育就已经存在了。在那个人类无法战胜大自然的时代，孩子在成年之前都要经过一次优胜劣汰的考验。成年族人会将男孩们放到荒无人烟、野兽出没的深山中，让他们面临巨大的危险，体会孤独的煎熬，迎接生存的挑战，学会在没有父母帮助的情况下战胜各种困难。经过了千百次锤炼，能够在这种恶劣的环境中生存下来的孩子，才被承认已经成为成年人了，才有资格享有成年人的权利。这种近乎惨无人道的残酷考验就是早期挫折教育的雏形。

到了现代，经济越来越发达，人们的生活条件越来越好，对后代的教育也格外重视起来。

很多发达国家都很重视挫折教育，比如日本，在孩子摇摇晃晃学走路的时候，经常一不小心就摔倒了，这时候父母只会看着孩子自己爬起来，而不会上前去扶。相反，有些父母看到孩子摔倒在地，会赶紧上前抱起来安慰一番，为了哄孩子还会对着无辜的地面指责一番。这样的孩子长大后，一旦犯了错就习惯性地把责任推给别人，经受不住任何一点儿挫折。

多多已经 9 岁了，有个比他大 3 岁的姐姐，爸爸妈妈和姐姐都宠着他。他很聪明，在学校里也是学习成绩比较拔尖的学生，因此非常骄傲。有一次，姐姐得到了一个非常漂亮的飞机模型，多多向姐姐索要，姐姐说这是自己的生日礼物，拒绝给他。多多一气之下竟然离家出走了，过了好几天才被找回来。

是什么原因造成了这种现象呢？多多的心理何至于脆弱到如此地步？是因为现在的孩子太娇气了，生活太"滋润"了，父母心疼孩子，不肯让孩子受一点儿苦，总是为孩子遮风挡雨。

英子生活在偏远地区，家里对她抱有非常大的期望。英子的学习成绩非常好，高考报志愿的时候，父母让女儿报一所全国顶尖大学，可是英子不想去。最后英子拧不过父母，被逼着去了那所大学，妈妈作为陪读也来到了学校所在的城市。学校里强人云集，英子很快就淹没其中，不再受人瞩目。在一次考试中，她仅仅得了第十八名。成绩一直是英子最大的骄傲，她承受不了这样的打击。妈妈陪读了一个月便返家了，不料妈妈前脚刚走，英子后脚就辍学跑到南方去打工了，此后很多年都没有跟家里联系。妈妈后悔不已，常常一边痛哭一边念叨："都是我的错啊！我没有教好她，我不该逼她啊！"

请家长们想一想，如果这样的事情发生在自己的孩子身上，你会怎么办？很多父母将自己未完成的心愿压在孩子的头上，竭尽全力为孩子提供好的教育条件，盼望着孩子有一天能出人头地。为了达成心愿，父母事事操心，学习以外的事情全都替孩子打点好，不让孩子费一点儿心，甚至帮孩子考虑好将来的路，将孩子的每一次考试成绩都看作人生头等大事，成绩稍稍有点儿变动就高度敏感。可是，父母能陪孩子走一生吗？这些真的是孩子想要的吗？这样成长起来的孩子健康吗？他们能面对生活的风风雨雨吗？

父母一定要摆正心态，孩子的人生难免会遇到挫折，一定要放手让孩子去经历，父母在一旁协助即可。那么父母具体应该怎么做呢？可以参考以下几点。

### 1. 抗挫折能力与人的成就成正比

要让孩子知道，月有阴晴圆缺，人有旦夕祸福，一帆风顺的人生是不存在的，总有大大小小的磨难在等着孩子。而凡是有大成就的人，无一不是经历了数不清的磨难与考验，他们都有非常强的抗挫折能力。

### 2. 将考试失利这一挫折看作机遇

考试失利能成为什么机遇呢？这是一次磨炼意志的机遇，是锻炼心理素质的机遇，是增强能力的机遇。

### 3. 鼓励孩子在挫折面前满怀信心

孩子被挫折压得喘不过气来时，给孩子打气，建议孩子放开自己大声呼喊："我能行！我能行！我能行！"面对一切困难都不要退缩，更不能半途而废，要相信自己有足够的能力找到突破的办法。

### 4. 培养孩子锻炼身体的习惯

锻炼身体同样能够磨炼孩子的意志。坚持每天早晨或晚间督促孩子去跑步，周末或节假日带孩子去远足、爬山，在一次次的锻炼中增强孩子抗挫折的能力。

第五章

**孩子跑偏不稀奇，**
**父母引领是关键**

# 别让虚荣和攀比腐蚀孩子

在心理学上，虚荣心是一种被扭曲的自尊心，也是一种追求虚假外表的性格缺陷。例如，有的孩子在学校不努力学习，考试时却喜欢作弊，用虚假的成绩糊弄家长，掩饰自己的懒惰和不思进取；有的孩子稍微取得一点儿进步就到处宣扬，别人不夸他，他还不高兴；还有的孩子喜欢强词夺理，明明自己犯了错误却不肯承认，唯恐别人指出他的缺点……这些事例都是虚荣心作怪的表现。

虚荣对孩子来说没有多少好处，反而会给孩子戴上一副沉重的枷锁，让他（她）的人生之路变得更加艰辛。有些孩子爱慕虚荣，将大量的时间浪费在穿衣打扮上，甚至将本该拿来买书的钱买了化妆品；有些孩子为了体现自己的大方，宁愿平时节衣缩食，也要请同学吃豪华大餐，甚至做起了"梁上君子"的错事。追逐虚荣的人自以为表面风光，但总有一天会露出马脚。就像巴甫洛夫在《给青年们的一封信》中说："不管肥皂泡让你们觉得多么绚丽多彩，它早晚会在空中破裂。当它破裂之后，你们除了惭愧不会有任何收获。"曹操曾经说过："切勿慕虚名而处实祸。"换句话说，虚荣始终是假的，会对人的现实生活产生不利的影响。

小崔是一个中学老师，上下班比较准时，所以常常由他到幼儿园接女儿回家。这一天，由于帮助学生们准备运动会，他晚了半小时离校，所以经过家门也没进去，直接到幼儿园接女儿去了。

当时，女儿正由老师陪着待在幼儿园的公园里。小崔赶紧向老师道歉，并感谢老师陪着女儿，然后就想去拉女儿的手。没想到，女儿却躲开了，回家的路上，女儿也刻意跟他保持一定的距离。快到家了，女儿终于说："爸爸，你的衣服太破了，你再这样来接我我就不跟你一起回家了。"

原来，小崔在学校帮助同学们抬东西，把衣服弄破了。由于急着接女儿，他也没来得及回家换衣服，没想到却遭到了女儿的嫌弃。女儿小小的年纪就这么爱慕虚荣，让小崔心里五味杂陈。

虚荣是一种不健康的心理，是扭曲了的自尊心，是人们为了得到别人的注意而表现出来的反常的社会情感和心理状态。对于孩子来说，过于虚荣，不是一件好事。当父母发现孩子有过强的虚荣心时，不能放任不管，应该积极引导孩子克服这一心理。当然，帮助孩子摆脱虚荣也要注意方式，不能单纯地说教或是严词命令。

克服孩子的虚荣心，父母可以从以下几点入手。

### 1. 让孩子正确认识虚荣心，树立良好的价值观

良好的人生观和价值观是防止孩子滋生虚荣心的前提。父母应当帮助孩子树立良好的价值观念，让孩子养成高尚的道德情操，并用它约束自己的行为，以理性战胜虚荣，学会以自己的能力来获取人生价值。不能因为自己某方面不如别人，就产生不健康的羞耻感，

进而以虚荣心来弥补这些不足。

### 2. 客观地评价孩子

很多父母都不能客观地评价孩子，结果使孩子过于看高自己，误以为自己在所有方面都强过别人。孩子的这种心态会影响到他的人际关系和之后的长足发展。因此，父母评价孩子时，不要一味地表扬，或者对孩子的优点、进步做夸张的赞美，还要指出孩子的错误与缺点，让孩子直面缺陷，并克服不足。

### 3. 注意孩子的心态变化，引导孩子理性消费

孩子的心态在不同时期会有不同表现，父母应当对此多加留意，避免让孩子养成与别人攀比的习惯。父母还要引导孩子进行理性消费，让孩子根据需求消费。为此，父母可以将家中的收入和支出大致告诉孩子，让孩子有一个基本的概念。倘若孩子的要求是合理的，那么父母可以适当地满足，最好能为孩子创造以自己的劳动换取想要的东西的机会。但这个要求不能超出父母的支付能力，更不能有奢侈的倾向。

父母应当让孩子知道，比别人拥有更多的名牌衣物，并不代表就有了更高的地位，只有通过自己的努力有所成就，才能赢得别人的尊重。

### 4. 让孩子体会虚荣心的危害

父母可以寻找恰当的时机让孩子体会虚荣心带来的危害，知道爱慕虚荣会阻碍自己的成长与进步，让自己形成忌妒、冷酷的性格，从而自觉、主动地抵御虚荣心的入侵。

孩子的虚荣，跟攀比心有很大的关系。有些孩子攀比心理比较强，总想穿名牌衣服、戴名牌手表，否则就认为自己低人一等。事实上，外在奢华富贵的人未必能给人以美的感受。如果一个人绫罗绸缎加身，言谈举止粗俗无礼，恐怕也不会有多少人喜欢他。但如果他不是为了和别人攀比，而是真心喜欢某件衣服的款式、布料，穿在自己身上非常得体，即便贵一些也不会让人反感。学生在校期间，应该选择适合学习和运动的服装，衣着打扮必须符合学校的规定，这样才能和文明的校园环境相匹配。

孩子追求名牌、喜欢和人攀比是人之常情，父母首先要理解孩子，而不是一味地训斥。

孩子的攀比心从何而来？坦率地说，家长、老师乃至整个社会都脱不了干系。

### 1. 父母的纵容

有的父母为了不让别人看轻自己的家庭，就凭借着"别人家孩子要有的东西，我们家孩子也要有"的心理，给孩子买一些超出家里收入条件的东西。这样一来，孩子自然有样学样，也变得虚荣起来，并且会跟别的孩子进行攀比，如果比不上，就会怨恨自己的父母"没本事"。

### 2. "别人家孩子"的影响

还有的父母"恨铁不成钢"，孩子有什么做得不好的地方，就会搬出"别人家孩子"来教育自己的孩子，这也是一种攀比。这样，爱攀比、爱忌妒的毒瘤就在孩子心中种下了。

### 3. 整个社会的风气

此外，学校乃至整个社会都弥漫着一股攀比的风气。学校里成绩好的孩子受表扬，不好的就被批评，并根据成绩好坏划分等级。社会上，有钱人或者长得漂亮的人容易受到推崇。这些都会对孩子产生较大的影响，使他们虚荣和攀比的心理达到顶点。当然，学校和社会的问题都不是父母凭一己之力可以解决的，但是父母可以尽自己的努力减轻其影响。

适当的比较可以激发一个人努力奋斗、改变现状的斗志，而过度的攀比则会增加人的身心压力。总的来说，攀比的坏处远远大于好处。父母一定要引导孩子朝良性的方向发展，切勿打肿脸充胖子，不顾一切地满足孩子的攀比心理。在孩子年幼时，父母应该教导他（她）正确认识内在美和外在美的关系，不要盲目地和他人攀比，这样可以有效地减少虚荣心的产生。

# 让孩子远离自私的泥沼

　　自私自利是一种不良心理，如果孩子产生了这种心理，就会给自己的人生增添几道坎坷。

　　自私自利的孩子通常有这样的表现：一切以满足自己为主，只关注自己能否享受，很少考虑他人。

　　人们经过研究发现，孩子产生自私自利的心理有两个原因：

　　第一，每个孩子天生都有利己倾向。在心理不够成熟时，孩子通常会单纯地认定"我即世界"，这种以自我为中心的思想会在成长的过程中慢慢弱化，逐步转变为接纳他人，但是仍然会有残留。

　　第二，错误的教育会导致孩子自私自利心理的形成，如父母长辈的溺爱。

　　这天，冰冰拿着新玩具跟随妈妈一起到小公园玩，冰冰认识的几个小朋友也在那里。这些小朋友对冰冰手里的新玩具很感兴趣，就请冰冰借给他们玩一会儿。但是冰冰却死死地抓住自己的玩具不放手，连碰都舍不得让其他小朋友碰一下。在争论中，一位小朋友冲动之下推了冰冰一下，冰冰马上又推了回去。最后，所有的小朋友都很不高兴。

妈妈发现了孩子们的争执后，马上带着冰冰回了家，并且对她进行了严肃的教育。当冰冰意识到自己推其他小朋友的行为不对后，妈妈又说："玩具应当与小伙伴一起分享，这样才能交到朋友，而且小伙伴有了新玩具后也会分享给你。"之后，妈妈带着冰冰又回到了小公园，冰冰向其他小朋友道了歉，并将新玩具分享给他们，于是孩子们又和好了。不久，冰冰发现一位小朋友正在玩她没见过的一件玩具，她也想玩，于是妈妈鼓励她说："你可以用自己的玩具跟对方换着玩。"冰冰顺利地玩上了那个小朋友的玩具，她的玩具也借给了对方。妈妈便借此机会再次教育她说："那位小朋友多好啊，她很大方地把玩具借给了你。你有了玩具也应该跟大家一起分享，这样大家都会觉得高兴，你也会交到更多的朋友。冰冰愿意不愿意向这位小朋友学习呀？"冰冰痛快地回答说："愿意。"

两岁之前，孩子通常会愿意与别人一起分享自己的东西，但是两岁之后，孩子有了自我意识，就会产生自私自利的心理。这时，妈妈应当给孩子以正确的引导，使孩子产生良好的观念。慢慢地，孩子的这种不良心理就会被纠正过来。

某地区发生了一场突发性的灾难，网络上关于这场灾难的照片数不胜数，其中一张照片吸引了妈妈的注意。照片的背景是一片废墟，一个年轻的女子站在一座倒塌的房子前面，她的身边站着一个8岁左右的小男孩和一个5岁左右的小女孩，小男孩低垂着头，小女孩则紧紧抓着女子的衣角，眼睛看向镜头，眼神中充满惊慌和恐惧。妈妈被照片中的人物深深打动了，同时觉得这是一次教育孩子的好机会，便将这张照片拿给女儿看。

妈妈告诉女儿说："我们家里的东西太多了，可是他们现在却什么也没有。我们应该将自己的一些东西分享给他们。"说着，妈妈找出两个大纸箱，把一些耐腐的食物和不常穿的衣物放在了里面。女儿也从房间里拿来了她想分享给这家人的东西——她最喜欢的玩偶。女儿紧紧地抱了抱玩偶，然后不舍地将它放在了纸箱里。妈妈说："你那么喜欢它，可以把它留下来。"但女儿却认真地告诉妈妈："玩偶让我感到了快乐，妈妈，它肯定也会让那个小女孩觉得快乐的。"

妈妈知道，她已经不用再教育女儿慷慨与分享了，她为女儿感到骄傲，她觉得自己甚至从女儿身上受到了教育。是的，将自己不需要的东西分享给别人很容易，而将自己最喜爱的东西分享给别人却很难，而女儿却做到了。

慷慨大方的人更容易受到大家的喜爱，他们的内心是快乐的、富足的。因此，父母一定要培养孩子慷慨大方的品格。

在生活中，以自我为中心的孩子并不少见，他们的独占意识特别强，很难有良好的人际关系。因此，当父母发现自己的孩子存在自私心理时，要及时帮助孩子纠正，并加强孩子的分享意识。下面几点建议应当对父母有所帮助。

### 1. 少让孩子"吃独食"

溺爱是导致孩子自私自利的一大原因。出于对孩子的爱，父母可能会将好吃的、好玩的全都留给孩子，有时孩子想分享给父母什么东西，父母却说："你自己吃吧，我不爱吃。"久而久之，孩子的独享意识就会越来越强，他就会理所当然地认为好吃的、好玩的都属于自己。因此，父母要少让孩子"吃独食"。

父母尽量不要给孩子特殊待遇，不要满足孩子的无理要求，而且要让他知道自己与别人没什么区别，别人不会给他任何优待，这样可以降低孩子产生自私自利心理的概率。

### 2. 让孩子树立正确的物质观念

过于看重物质也是导致孩子自私自利的原因，父母应当弱化物质的影响。比如，不要当着孩子的面表达出对生活条件好的家庭的羡慕，有好吃的要分给每个家庭成员等。孩子一旦树立了正确的物质观念，就不会轻易产生自私自利的心理了。

### 3. 让孩子懂得与他人分享的意义

分享是关心他人的体现。能够与他人分享，他人就会同样记挂着自己，这样有来有往，大家都会感到温暖和快乐。在部分孩子的思想中，分享就等于失去，因此他们不愿意跟其他人分享。父母应该理解这种想法，并让孩子明白，分享并不意味着失去，而是一种互利，自己损失的那部分会以另一种形式回到自己身边。

### 4. 及时纠正孩子的自私行为

自私自利并不是一瞬间出现的，而是逐渐形成的。如果父母能够在孩子刚出现自私自利的心理时，就及时纠正孩子的自私行为，那么孩子的自私心就不会滋长起来。

# 孩子不能只有"一根筋"

偏执的人总是给大家留下固执、不开窍、认死理、难沟通的印象，往往被戏称为"一根筋"。"一根筋"有利有弊，拥有这种脾性的人能够为了目标一往无前地奋斗，容易取得一定的成就；但是，我们的社会是交际型的社会，"一根筋"的人容易出现种种不适应的"症状"，无法灵活应变，不能跟随各种环境状况的变化相应地调整自己，也常常无法做到沉着冷静。所以，总的来说，孩子太过偏执是需要改变的。

小李最近总是抱怨，家里的孩子今年已经 6 岁了，最近做什么事情都听不进去别人的劝说。在外面走路的时候，孩子老是走路中间，她觉得这样很危险，而且马路上的车子飞快，万一孩子遭遇什么不测也来不及去拉住孩子。但是只要她要求孩子走在里面，孩子就大发脾气，甚至会哭起来。

另外，只要是他不喜欢吃的蔬菜，从来不会吃半口；如果给他夹了一点儿他不喜欢的菜放在他的碗中，他就会发脾气，坚持把给他夹的菜夹出去；他觉得不好看的衣服，绝对不会穿；拼图完不成不睡觉，即使已经是夜里 12 点。类似的事情太多了，只要跟孩子相关的事情，一定要先征求他的意见，否则"世界大战"便一触即发。

有一次，孩子在家中玩积木，他想搭建一所房子，但是由于过程太复杂，一直没有搭建完成。其实搭建房子也不是很难，最关键的那一步他忽略了，于是妈妈想要帮助他完成最关键的一步。当妈妈刚提出要帮助他时，他就特别气愤，不让妈妈靠近，死死护着自己的积木，坚持要自己搭建完成。这时妈妈说她可以帮助他完成。没想到他一下子就把积木推倒了，说不想搭了。见状，妈妈也不知道该怎么办了。

孩子这种"不撞南墙不回头"的样子，让父母很是担心，也很不能理解，这到底有什么好坚持的？为什么会出现这种状况呢？家长缺乏对孩子相应的教育和培养是一个重要原因。

如何纠正孩子"一根筋"的问题，培养其应变能力呢？这是一项非常浩大的"工程"，需要家长付出长期的努力。妈妈可以在日常生活中有意识地培养孩子以下能力。

### 1. 适应自身心理或生理变化的能力

告诉孩子，当感到身体某个部位不舒服时，一定要立刻告诉父母；心里有什么烦恼和疑问时，也要敞开心扉向父母或朋友倾诉。这样一来，孩子就不会用自己尚不成熟的心理去承受所有问题，也能够养成集思广益的习惯，看问题也就不会那么偏执。

### 2. 适应周围环境变化的能力

例如，让孩子能够自主地根据早晚温差增减衣物；自己决定出门时要带的物品；在各种公开场合能够回答成人的询问等。

### 3. 对突发事件的应变能力

例如，告诉孩子遇到陌生人问路时，如何防止被骗；单独与成年人交流时，怎样避免不法侵害；家中出现明火时，如何用灭火器灭火并转移易燃品等。

### 4. 学会取舍和谦让

孩子执拗、不轻易认输不算坏事，但是执拗到"不撞南墙不回头"，就容易出问题。这时候，就要告诉他们凡事要懂得取舍，有时候以退为进反而是一种大智慧。同时，也要告诉孩子谦让的重要性，不必事事都争个第一，只要自己尽力了，没有取得太好的成绩也不必耿耿于怀。

# 不要放任孩子沉迷网络

　　互联网的发展令人们的生活越来越便捷，但也引发了一系列的问题。对处于学生阶段的孩子来说，互联网的诱惑非常大，如果孩子沉迷网络，就会直接影响到学习。

　　小小是个性格温柔的女孩，有些内向。她自小就很听父母的话，很少和父母顶嘴，也从不做让父母伤心的事。

　　在学习上，小小一直很认真，上课能认真听讲，也能按时完成作业。从小学到初中，小小的成绩一直处于上游，为此父母都很欣慰。

　　小小的爸爸经营了一家商店，工作繁忙，妈妈是全职的家庭主妇，平时基本上都是她在照顾女儿。妈妈觉得女儿一向听话，所以教育也以柔为主。在生活上，妈妈竭力满足孩子的一切需要，吃的、穿的都精挑细选，只要女儿需要，复读机、学习机、手机等，她都给女儿买。

　　去年，小小以优异的成绩考入了市里的重点高中，父母非常高兴，于是对女儿说："你太棒了！说吧！想要什么奖励？"

　　小小说："我想要一个笔记本。"

爸爸一听，痛快地说："没问题！"

没过几天，小小就得到了一台最新款的电脑，她爱不释手。

之后，妈妈发现，小小看电脑的时间越来越长，妈妈怕她睡得太晚，于是经常催促她关掉电脑。只要妈妈一说，小小就会听话地关上电脑，但不久之后妈妈又发现，虽然小小关掉了电脑、熄了灯，但依旧在床上拿着手机刷网页、看视频，经常到十一二点才睡觉。

周末的时候就更严重了，小小在电脑前一坐就是大半天，吃饭都不愿意动，还经常单独端着饭菜到自己屋子里吃。

妈妈已经和女儿谈了几次，但小小口头答应会减少上网时间，实际上并没有减少多少。在学习上，小小的成绩变得不上不下，老师反映说："最近感觉小小对学习没有十分上心，做作业都是敷衍了事，作为父母，最好监督一下。"

妈妈心里清楚，是网络世界分散了小小的注意力，作为学生，本该将学习放到第一位，而上网只能作为"暂时的休息"，但现在小小却本末倒置了。

妈妈几次劝说都无果，她知道"软教育"已经对女儿没有效果了，于是采取了强硬态度。每天到了放学时间，她就关闭家里的网络，让小小无法上网。小小见状，就想出了其他办法，她拿着作业说要去同学家一起写，因为同学就在同一栋楼，妈妈就让她去了，觉得两个孩子还能互相监督。

谁知，小小并不是每天都去同学家，其实是转移到了网吧，就算去了同学家，写完作业后，也会一直在同学家玩手机。

面对小小的行为，妈妈严厉批评了她，但一向文静的小小却开始顶嘴，指责父母对她太严苛，连上网都不允许。之后，小小就和父母开始了冷战。

面对女儿的这种状态，妈妈不知道该怎么办。

小小妈妈的困惑，也是很多家长的困惑，那么，家长应该如何对待这类上网成瘾的孩子呢？

### 1. 循循善诱

当孩子对上网过分痴迷时，父母一定不要心急，觉得说一次孩子就会改。有时强硬的举措可能会造成孩子的逆反心理，所以循循善诱，慢慢进行疏导是最好的方法。

### 2. 以身作则

很多家长在闲暇之余也经常抱着手机或电脑，看电视、玩游戏，这些行为无疑是在告诉孩子他们也可以这样做。所以，父母要在孩子面前树立良好的形象，合理安排娱乐时间，为孩子做出榜样。

### 3. 不溺爱孩子

有些家长对孩子百依百顺，还在上小学，就给买手机，而且对孩子上网采取纵容的态度，觉得孩子还小，不必严加约束。殊不知，孩子都是这样一步步沉迷其中的。所以，要从小就对孩子上网娱乐的行为进行约束，要在孩子心中建立不可以沉迷的观念，要教会孩子合理安排学习和娱乐的时间。

### 4. 规定上网时间

对于已经沉迷网络的孩子，家长不能完全禁止其上网，以防孩子产生抵抗行为，如案例中孩子撒谎去网吧的行为。家长可以规定孩子的上网时间，明确规定学习和游戏的时间，让孩子心里接受，并愿意执行。

### 5. 培养孩子的兴趣爱好

家长要注意培养孩子的兴趣爱好，如唱歌、跳舞、下棋、打球等，让孩子的业余时间丰富起来，这样就能减少孩子上网的时间。

### 6. 带孩子多出去游玩

让孩子多接触大自然，可以开阔孩子的心境。所以，周末的时候，父母可以带孩子多出去走走，和孩子一起放松心情，让孩子远离狭小的房间和网络的诱惑。

### 7. 指引孩子正确上网

网络向来是有利有弊的，网络上的一些不健康内容会对孩子的身心产生不好的影响，所以对孩子的上网内容需要特别注意。具体来看，家长可以在孩子的电脑以及家里的电脑上安装一些屏蔽软件，让孩子能有一个健康的上网环境。

网络可以用于娱乐，也可以用于学习，家长可以引导孩子多接触一些网络课程，多关注一些名师课堂，让网络良好地为学习服务。

### 8. 求助心理医生

如果孩子沉迷网络的情况已经非常严重，成了"网瘾少年"，那么家长就需要寻求专业心理医生的帮助了。听取心理医生的建议，对孩子的行为进行有针对性的管束，渐渐帮孩子摆脱对网络的依赖。

# 让孩子学会讲卫生不是细枝末节

　　一些家长可能觉得卫生习惯只是细枝末节，孩子的主要目标是学习，其他的一切都无所谓。实际上，注重个人卫生和环境卫生并不是微不足道的事，而是一个人精神面貌和生活习惯的外在表现。家长让孩子拼命学习，目的无非是让他（她）长大后有份好工作，过上好的生活。但是，如果孩子从小没有养成良好的卫生习惯，长大后就可能成为一个邋里邋遢的人，在竞争中就可能丧失很多机会，给人生之路增添很多不必要的坎坷。

　　有一些孩子，跟父母生活在一起时，个人卫生全都被父母"包办"了，自己既没有学会相关技能，也没有养成良好的卫生习惯。他们一旦离开父母独立生活，如住进集体宿舍，就迅速成了"邋遢鬼"：上衣、裤子整天皱巴巴的，上面满是油渍却毫不在乎；宿舍的桌子上、地板上一片狼藉；床铺简直是个"杂货铺"，胡乱地堆着各种杂物；被子都看不出颜色了也不知道洗……想必每个父母看到自己的孩子生活在这样的环境中都会心疼，却没想过孩子变成这样自己也有很大的责任。

　　小朱很不喜欢洗澡，他的理由是不喜欢洗发水和沐浴露的味道。妈妈买了其他味道的洗发水，他依然说不喜欢。妈妈无奈，说："那你就别用洗发水、沐浴露了，但是澡必须得洗。"于是，小朱总是不情不愿地被妈妈"赶"进浴室，出来时头发是湿的，衣服也换成了睡衣，接着就去睡觉了。接连几次都是这样，妈妈心里起疑，在小朱又一次从浴室出来时叫住了他，闻了闻他身上的味道，掀起他的睡衣，搓了搓他的肚皮，竟然搓下一层污垢。妈妈很生气："好啊，你个臭小子，竟然骗妈妈，是不是根本没洗，只是用水打湿了头发？"

小朱看露馅了，开始耍赖："我就是不喜欢洗澡，妈妈你别逼我了。"说完挣脱妈妈的手，跑回了房间。

妈妈知道该给他上一堂"洗澡课"了。第二天晚上，妈妈把小朱叫到跟前，说："小朱，一个爱干净的人才能得到大家的亲近、喜爱。你想想，要是你不洗澡，身上整天臭烘烘的，同学还愿意跟你玩吗？"小朱闻了闻自己，说："我不臭！"妈妈又说："这样吧，你不是一直想要游戏机吗？如果你连续一周都洗得干干净净，我就让你爸给你买。"

"真的？"小朱简直不敢相信自己的耳朵。他早就想买游戏机，但是妈妈不同意。小朱从小就听爸爸妈妈讲挣钱多不容易，所以只提了一次就没再提过，没想到妈妈一直记在心里。看到妈妈点了头，小朱飞快地冲进了浴室，可没到五分钟又冲了出来，告诉妈妈："我洗好了！"

没想到，妈妈叫住了他，检查了一遍，发现他头上完全没有洗发水的味道，身上洗得也不干净。她摇了摇头，说："不合格，你赶紧再好好洗一遍。"

小朱立刻回到浴室，这一次他左搓右揉了好一会儿，甚至还用了一点儿平常碰都不碰的洗发水。离开浴室时，他觉得自己像一块玻璃一样亮晶晶的。这次，妈妈非常满意，好好夸赞了他一番。第二天，小朱又主动洗了一次，发现洗澡也不是那么令人讨厌的事。一周后，他终于得到了自己梦寐以求的游戏机。自此之后，小朱对洗澡这件事有了改观，逐渐纠正了不爱洗澡的坏习惯。

良好的卫生习惯能让孩子一生受益，家长不妨运用各种手段来激励孩子，让孩子改掉不良的卫生习惯。在纠正孩子的过程中，家长必须持之以恒，耐心地运用示范、讲解、提示、练习等方法教导孩子，一定不要半途而废。

# 孩子说脏话要及时制止

　　阿伟正在专心致志地玩玩具，妈妈在一边做家务，也不打扰他。阿伟玩着玩着，突然来了一句："你大爷的，这什么鬼玩具，一摔就碎！"妈妈以为自己听错了，继续竖起耳朵听着。过了一会儿，阿伟又来了那么一句。妈妈才意识到，才五岁的阿伟已经开始说脏话了。后来，妈妈就非常注意这个问题，她发现阿伟经常说脏话，她不知道阿伟是什么时候学会的，又是从哪里学会的。

　　孩子在四五岁的时候，是模仿能力最强的时候，也是他们好奇心大发的时候。大多数的孩子在这个时期都会有意无意地观察身边人的语言和行为，然后进行模仿。但是这个阶段的孩子基本上还没有明辨是非的能力，他们不能判断别人的言语是否得当，行为是否合理，所以他们只会一味模仿。因此，学会说脏话也就是很自然的事了。

　　面对孩子说脏话的行为，不同的家长有不同的态度。有些家长并不认为这件事有多严重，他们往往会觉得"童言无忌"，甚至会把孩子说脏话的行为当成孩子天真烂漫的个性的表现。其实，这种想法是完全错误的。当然，也有一些家长，过度在意孩子说脏话的行为，似乎说脏话是一件十恶不赦的事。他们常常为孩子说脏话感到恼火，甚至会采用打骂的方式来惩罚孩子。虽然有些孩子在父母的严格管教下会有所改变，但是，他们内心深处并不认同父母的看法和行为，所以这种变化只是表面，而没有解决根本问题。

所有的家长都明白，孩子说脏话是一种不文明的行为。说脏话，无论是对孩子还是对大人来讲，都是素质低下的表现。面对孩子说脏话的行为，父母正确的做法应该是和孩子面对面地沟通，心平气和地告诉孩子：说脏话是一种不礼貌的行为，也是不尊重他人的行为。让孩子知道说脏话的人不仅不会受到别人的喜欢，也会让父母感到失望。而且父母要抓住机会，最好是第一次发现孩子说脏话的时候就予以纠正，这样对孩子来说更容易接受。很多家长在第一次发现孩子讲脏话的时候，不仅没有及时制止，告诉孩子这种行为是错误的，而且还觉得好玩，认为孩子天真可爱。在这种情况下，孩子会认为父母认可甚至赞同他们讲脏话的行为，所以只会变本加厉。等到孩子讲脏话的行为越来越严重时，父母再想进行管教就变得十分困难了。

那么作为父母，怎样才能帮助孩子改掉讲脏话的坏习惯呢？其实说脏话和其他坏习惯的形成都是一样的，不是一天两天形成的，因此父母也要有足够的耐心，一点点地引导和帮助孩子改正。

### 1.冷静处理，不要反应过激

父母发现孩子说脏话的时候，首先要保持冷静，在平和的状态下与孩子进行沟通，因为虽然孩子说脏话，但他们可能并不知道这句脏话的真正含义，他们想要表达的也不一定是脏话的意思。因此，父母要与孩子好好沟通，了解孩子说脏话的原因是什么，他真正想表达的是什么。父母需要引导孩子换一种更文明的表达方式，让孩子感觉到他只是用语不恰当，并不是犯了什么严重的错误，切忌疾言厉色，让孩子感到惧怕。

### 2. 晓之以理

大多数能够说出脏话的孩子，基本上已经可以听得懂父母讲的道理。所以，我们在纠正孩子讲脏话行为的时候，可以跟他们好好讲道理。在跟孩子沟通的过程中，要循循善诱，告诉孩子这种话对别人来讲是一种心灵的伤害，是不尊重他人的行为。如果自己被别人说脏话，心情也会不愉快，也会觉得受到了侮辱。父母要引导孩子站在他人的立场上思考问题，这样孩子就能够明白，讲脏话的行为是错误的，是需要改正的。

### 3. 引导孩子找到替代脏话的语言

如果父母发现孩子说脏话，一定要搞清楚孩子说脏话的原因。比如，孩子有可能是想要表达愤怒的情绪，或者只是觉得好玩。无论是表达情绪，还是单纯觉得好玩，或者是模仿他人，父母都可以告诉孩子，说脏话是不受他人欢迎的，正确的做法是用其他的语言来表达。比如，我们想要表达自己的愤怒，可以与对方沟通，告诉对方他的行为对我们的心灵产生了伤害，从而化解矛盾。父母也可以鼓励孩子，在想要讲脏话的时候努力克制，用其他的语言代替，如果孩子做到了，可以给孩子适当的奖励，强化孩子的正面行为。

当然，纠正有些孩子讲脏话的行为并不是那么简单。当父母进行了引导教育仍然没有起到良好效果的时候，可以有意识地对孩子进行冷处理，也就是刻意地疏远孩子。当孩子讲脏话的时候让他感受到，父母或家庭的其他成员是不喜欢他这种行为的，孩子感受到自己被疏远，感受到自己被人反感，就会慢慢地有所收敛。

### 4. 为孩子树立良好的榜样

孩子除了在学校里接触老师和同学，最多的就是与家人在一起，所以父母有责任为孩子创造一个文明的环境。父母首先要以身作则，在家庭中无论遇到什么情况，都尽量平心静气地解决，尤其说话不要带脏字。中国古人说："近朱者赤，近墨者黑。"在孩子讲脏话的问题上，这句话也是说得通的。

总之，孩子说脏话的行为并非与生俱来，大多是在不良的环境影响下形成的，所以父母要注意给孩子营造一个良好的交流环境，同时在日常生活中加强对孩子语言表达方面的教育，尽量避免出现这一问题。如果真的发生了，父母就要循序渐进地帮助孩子改掉这一缺点。

# 第六章

不吼不叫，
才能培养出情绪稳定的孩子

# 帮助孩子成为情绪的主人

现在的许多孩子都不懂得控制自己的情绪，比如动不动就大哭大闹，一不顺心就发脾气、摔东西，将自己关到房间里生闷气，小小年纪就开始抑郁、焦虑。没有成人进行疏导，孩子很可能深陷负面情绪无法自拔，这样无疑会让他们损失人生中很多稍纵即逝的机会，遭受一些不必要的挫折。为此，父母必须帮助孩子养成调节自我情绪的习惯。

虹虹是一个 16 岁的女中学生，她性情害羞，尤其害怕和男生交流。不管什么样的场合，只要有男生出现，她就会非常紧张，甚至感到恐惧。

这种心理从何而来？原来，在 3 年前，虹虹正在专心听课，无意中看到她左前方的一个男生正手托着头看向她这边，一脸不高兴的样子。虹虹和这位男同学并没有太多交往，但她却认定这个男同学是在生自己的气。此后上课时，虹虹总是有意多看他几眼，结果又有几次发现他手托着头、耷拉着脸看向她这里。只要看到那个男同学的动作和表情，虹虹就觉得害怕，开始浑身不自在，苦苦思索自己什么地方得罪了他。她不敢主动去问，只好自己在心里胡思乱想，有时候觉得自己这种想法非常可笑，但又完全无法消除。这种莫名其妙的恐惧后来发展成了心病，让虹虹变得格外害羞，尤其是不敢与男生共处。

和虹虹相比，15 岁的鑫鑫"症状"似乎更加严重：她不敢跟别人对视，否则会惊恐万分。事情的起因是这样的：两年前，鑫鑫的视力迅速下降，她不得已去配了一副眼镜。由于女孩子的爱美心理，她迟迟不愿戴上眼镜。这天正在上课，鑫鑫突然发现自己看不清老师写在黑板上的字，于是低下头从书包中取出眼镜戴上了。谁知就在那一刻，老师正好转身，无意中和她对视了一下。就在和老师目光交会的那一刻，鑫鑫感到一阵莫名的恐惧，她连忙低下头，但心始终怦怦直跳，过了半天才渐渐平复下来。

从那时起，她就再也不敢和这位老师对视了。不仅如此，她还开始回避所有人的目光，就连电视、电影中人物的眼睛她都不敢直视。回想起过去与别人目光相接的情景，她感到心惊肉跳。为了不与他人对视，她连走路、吃饭都低着头，也不敢到人多的地方去。一旦不小心看到别人的眼睛，她就无法自制地浑身发抖。为此她痛苦不已，不想去上学，甚至觉得干脆当个盲人算了。

对于一个人来说，童年时期形成健康的情绪是极为重要的，这直接影响着他（她）个性的形成，关系着他（她）一生的成长。虹虹和鑫鑫都因为一件无关紧要的小事形成了严重的心理问题。如果她们能够控制并调节自己的情绪，就不会产生那样的结果。

调节情绪对于孩子来说非常重要，能让他们做事时集中注意力，提高心理承受能力，与同龄人相处更加融洽。所以，父母必须注意培养孩子的情绪调节能力。

### 1. 让孩子自我认同

孩子只有积极自我认同，才能自由、开放地感受和表达自己的情绪。这就要求父母给予孩子认同感，给孩子营造安全、温馨、平和的家庭环境。

### 2. 让孩子学会表达情绪

倘若孩子生性比较含蓄，如果不能正确认识和表达自己的各种情绪，那么不良情绪就会郁积在心里，最终导致心理问题。所以，父母在和孩子对话时要教他（她）正确认识情绪，并让他（她）将自己的真实感受表达出来。为此，父母也要以身作则，告诉孩子"我觉得很高兴""我伤心极了""这件事让我非常紧张"……孩子通过父母的话，会认识到人的情绪是多种多样的。同时还可以问问孩子"你感觉怎么样""你看起来很难过，告诉妈妈发生了什么"，这些话有助于孩子表达自己的情绪，也能让孩子发现产生这种情绪的原因。

### 3. 让孩子学会体会他人的情绪

父母要多与孩子交流情绪，让孩子知道，积极的情绪能让自己和他人都感到快乐，消极的情绪却会给自己和他人带来痛苦，只有懂得体会他人的情绪，才会使自己成为一个受欢迎的人。父母可以通过讲故事乃至角色扮演的方式，和孩子讨论主人公的情绪和感受，这有助于孩子正确理解他人的情绪。

### 4. 让孩子保持乐观

积极、乐观的情绪能产生向上的力量，激发出人体潜能，使人的体力和精力都处于旺盛的状态，心理也会保持健康。而消极、悲观的情绪却会让人意志消沉，做什么事都缺乏动力和斗志，对身心的健康发展极为不利。所以，父母必须教孩子时刻保持乐观的情绪，用积极向上的态度对待生活。为此，父母要以身作则，时刻乐观向上，同时也要相信自己的孩子，保持对他（她）的鼓励和支持，使他（她）不被一些不易克服的困难吓倒。

### 5. 让孩子学会宣泄不良情绪

人难免有不良情绪，如果时刻沉浸其中，身心都会受到损害。所以，要采取一些合理的措施宣泄不良情绪。当然，宣泄并不意味着发脾气。父母可以告诉孩子，愤怒到无法自制的程度时，不妨进行一些体力活动，如到外面去跑一圈，不良情绪就能够很好地得到释放。

# 用耐心帮孩子克服浮躁情绪

小朗是个聪明的小学生，但是妈妈却很为这个孩子的未来担忧。原因就是小朗不像其他孩子那样，有一个明确的人生目标。虽然妈妈也知道，儿时的理想多数是无法实现的，但有理想总比没有强。小朗的人生目标是浮动的：英语考了高分，就想当个外交家，立即请求妈妈送他去英语补习班，但没学几天就改变了目标，将英语教材扔到了一边；体育课上老师夸他篮球打得不错，他就开始想当个篮球运动员，开始疯狂搜集 NBA 球星的资料，但很快就因音乐老师的一句夸奖转而开始搜著名的音乐家了……

这就是浮躁情绪在作怪的表现。浮躁情绪和急性子不可以画等号，这种情绪通常使人行动盲目，做事不爱思考或不提前计划，做事的过程中也心神不定、缺乏主见、见异思迁、急于求成，这些都是成功的大忌。本来能够成功的事，也会由于人的浮躁情绪而失败。可见浮躁情绪对孩子的成长有百害而无一利，会让孩子在掌握知识的过程中缺乏长久的奋斗目标，从而缺乏足够的耐心和坚强的意志。

孩子为什么会出现浮躁情绪？原因很多，专家认为主要有以下三个方面的原因。

### 1. 先天因素

浮躁情绪受遗传基因的影响，有一定的先天因素。有的人天生具有不灵活、不平衡的神经系统，导致浮躁情绪的产生，而且能够遗传给后代。至于先天因素所占的比例，目前并没有准确的数据，所以心理学家更重视后天因素的影响。

### 2. 社会因素

当今社会，经济迅速发展，竞争日益激烈，贫富分化严重，整个社会弥漫着急功近利的气氛，很多"快餐文化"成为主流，导致身处其中的人产生或多或少的浮躁情绪，孩子也不例外。一些父母唯恐孩子在社会大潮中被抛弃，一心给孩子灌输知识，从不关心孩子的精神状况，使得部分孩子意志薄弱、怕苦怕累，做起事情来也是急躁冒进，缺乏恒心。

### 3. 父母的不良示范

父母如果性情浮躁，孩子和他们朝夕相处，很难不受到影响。父母面对着社会的种种竞争和压力，很难保持心平气和，难免出现急功近利的情况，孩子就会进行模仿，也容易变得浮躁。

前面说过，浮躁情绪对孩子有百害而无一利，是不利于孩子成长的，所以父母必须帮助孩子改变这种心理。

心理学的研究表明，以下几种方法对于改变孩子的浮躁心理是颇有成效的。

### 1. 让孩子立长志，不要随意改变自己的志向

俄国著名作家列夫·托尔斯泰有一句名言："理想是指路的明

灯。没有理想，就没有坚定的方向；没有方向，就没有生活。"远大的理想在孩子的成长中有着巨大的导向作用，能让孩子产生学习和进步的强大动力。而浮躁的孩子虽然也有自己远大的理想，但却只是"常立志"，做不到"立长志"。随意改变自己的志向，志向的导向作用就会被削弱甚至消失。所以，在孩子立下一个远大的志向后，绝对不能让他（她）随意拐弯或者掉头，这样才能让他（她）明确目标，产生对学习和生活的责任感，防止浮躁情绪的滋生或蔓延。

孩子在树立志向时，父母不要觉得孩子在闹着玩，必须谨慎对待。由于孩子的心智尚不成熟，父母要起到引导作用，告诉孩子立志时要注意扬长避短，不能"跟风"，看到其他孩子要当科学家，自己就跟着立下相同的志向，却没有考虑自身的条件，从而被现实无情打击。父母要告诉孩子立志必须专一，关键不在于"多"，而在于"恒"。

### 2. 注重在日常生活中的引导

浮躁情绪不是一朝一夕就能扭转的，父母必须时刻关注孩子的情况，一旦发现孩子有浮躁的迹象，就立刻采取措施纠正。只要父母能够持之以恒地针对孩子的一些日常行为进行引导，就可以慢慢扭转孩子的浮躁习性。例如，孩子在做决定时，鼓励他先思考、后行动；孩子遇到挫折时，鼓励他做到有始有终、脚踏实地；孩子由于看不到成功而急躁时，告诉他积少成多、聚沙成塔，巨大的成功都是靠点滴的积累聚成的。

### 3. 对孩子不要太纵容

很多父母舍不得让孩子吃一丁点儿苦，孩子想要什么都会第一时间帮助他（她）实现。这样会让孩子误以为无论自己想要什么，父母都会立刻送到眼前，根本不用付出什么努力。这样一来，他们遇到一点儿挫折就会改变目标，无法为了一个目标而付出长期的努力。可见，父母的纵容会助长孩子的浮躁心理。

### 4. 利用心理暗示的方法来调控

可以让孩子做事时在心中默念"不要急，急躁会把事情办砸的"之类的话，对自己进行心理暗示。这也是一种调整心理的方式，对改变浮躁情绪有所助益。

### 5. 用榜样的力量影响孩子

作为父母，必须学会调适自己的心理，远离浮躁情绪。如果父母确实有些浮躁，就要考虑到对孩子的影响，想方设法克服，让孩子看到父母勤奋努力、脚踏实地的良好形象，有助于孩子改善自己的浮躁情绪。此外，父母还可以用革命前辈、科学家、发明家、文艺作品中的优秀人物的事迹来鼓励孩子培养不浮躁、有恒心的品质。

# 不吼不叫，也能让孩子理智接受批评

　　昊昊昨天回家的时候已经是晚上十一点多了，焦急等待的妈妈看到昊昊之后，质问他下晚自习后跑到哪儿去了，没想到昊昊一脸不耐烦地答道："我已经不是一个孩子了，有行动的自由，你有必要事事都管着我吗？"妈妈听了昊昊的回答虽然心里很不是滋味，但是爱子心切的她还是不由得问道："你肚子饿不饿？妈妈锅里还热着饭呢！"谁料，昊昊头也不回地甩了一句"不吃"，随后就打开电脑玩起了游戏。妈妈知道昊昊考试在即，多次提醒他要复习，昊昊竟然理都不理。面对昊昊种种无礼的表现，妈妈彻底怒了，她沉下脸来，狠狠地批评起昊昊来。昊昊听着妈妈的斥责声，大声地吼道："你太烦人了，能不能少管我！"接着三步并作两步，走回了自己的房间，砰的一声，把门重重地关上了。

　　孩子涉世未深，对人际关系非常敏感，他们在探索人际交往法则的同时也在模仿着大人的行为。大人有些表达愤怒的行为他们一学就会，比如"摔门"的动作，有可能是昊昊父母生气时的一个"标配"动作，结果就悄无声息地传递到孩子的脑海里。所以，为了家庭的和谐，成年人应该多以关爱、理解、包容的姿态为孩子做好的示范，这样孩子才会朝着理想的方向健康成长。

不过，在上面的案例中，昊昊"摔门"并不是重点，它只是孩子在受到批评之后的一个情绪化的反应。昊昊的根本问题在于，对于家长的批评，他的态度极不端正，似乎在刻意回避。这是需要引起广大父母重视的问题。

随着物质生活水平的提升，现在的家长越来越重视孩子的文化水平和艺术修养，但是很少有人会注意到孩子的心理建设，于是，面对家长的批评，孩子会表现得异常极端。那么，身为家长，应该如何正确引导孩子理智地接受批评呢？

首先，让孩子学会认真倾听，在倾听中反思自己的行为，在反思中思考改进的方法。孩子对批评者的反唇相讥或者"自卫还击"的行为都应该及时地得到制止。

当然，这也并不意味着家长可以搞"一言堂"，如果你的批评违背客观事实，也应该允许孩子做出辩解。一味地让孩子委曲求全，不给他（她）任何申辩的机会，不仅不利于问题的解决，还会生发出更多的矛盾。

另外，父母还应该告诉孩子，对任何批评者都应该同等对待。子曰："三人行，必有我师焉。"要让孩子明白，对于有道理的话，即使出自同龄人之口，也应当积极接受。如果孩子因为面子问题，将这些批评之声拒之门外，无疑等于拒绝了自我成长的机会，这样很不利于孩子自身的发展。

总而言之，父母要让孩子能够正确地认识批评、善待批评，虚心接受来自他人有益的教导，从而对孩子的人生起到警示的作用。

此外，为了让你的批评更好地说到孩子的心里，父母在批评的时候也应该注意相应的方式方法。

### 1. 搞清楚批评的目的何在

在你开口之前，首先要明确此次批评的目的是什么，如果不注意这一点，很多父母批着批着就跑偏了。就像有些妈妈，原本是因为孩子不专心学习而批评的，可是说着说着，把孩子的一大堆毛病都拉出来批判。这样没有重点、没有针对性的批评好似父母一通任性的宣泄，到头来孩子不仅意识不到自己的错，反而觉得很委屈，像是在为父母的坏情绪买单。

另外，父母还应该知道，批评不是目的，它只是让孩子自我反思、改正错误的一种手段，所以你的批评应该紧紧围绕"让孩子不再犯错"展开，而不应该将其视为一个自我发泄的出口，更不能让批评之言成为摧毁孩子自尊和自信的武器。

### 2. 批评之前先表扬孩子的优点

孩子犯了错，家长批评的时候不能全盘否定孩子，把孩子贬低得一无是处，这样会很伤孩子的自尊心。

会说话的父母在批评孩子时，通常不会忽略其身上的优点。他们在分析问题的时候能做到客观公正，一分为二。他们会先称赞孩子好的一方面，然后再通过一个转折，指出孩子问题的所在，最后他们还会想出一些具体可行的改正方案，帮助孩子战胜自身的不足。这样的处理方式不仅保护了孩子的自尊，还大大增强了孩子对批评的接受程度。

### 3. 批评的方式要因人而异

批评是带着批判的眼光审视别人的不足，会给别人带来不好的心理体验。因此，作为批评者，父母应该谨慎使用这种手段，即使使用也应该注意方式方法，对不同性格的孩子要采用不同的批评方法。面对性格内向的孩子，父母需要和孩子有比较亲密的动作接触，可以拉手，可以搂肩，在亲密接触的同时给孩子耐心地讲道理。责备调皮的孩子时，要正视孩子的眼睛，一边表达你对孩子的不满，一边增加一些必要的身体接触，这样恩威并施的交流方式可以达到更好的交流效果。

### 4. 给孩子一个消化的过程

有些家长比较心急，总是希望自己的话一说出口，孩子立刻就能认识到自己的错误，并且随即把错误改正过来。其实，在现实生活中，这种心态过于理想化。俗话说："心急吃不了热豆腐。"急于强迫孩子承认错误犹如打蚊子喂象，起不到多大的作用。不管怎么样，家长应该给孩子一个认错的过程，让孩子在接受批评之后慢慢消化，进而在心里真正认识到自己的错误，这样他才会转化为行动。

### 5. 批评的言论不可过于激烈

有些家长错误地认为，批评得越狠，孩子反思得越深。其实这种自以为是的想法不仅达不到教育的目的，还会招来孩子的反感。

"你真是笨得像一头猪，这样简单的问题你都能答错？""像你这样劣迹斑斑的孩子，这辈子都没救了。"这样激烈的言辞，伤的是孩子的自尊，毁的是他（她）对未来的期望。这种负面的打击听得多了，孩子会越来越自卑，甚至最后破罐子破摔，真的成了众人眼中不堪的模样……

所以，父母在批评孩子的时候一定要把握好力度，既不可过重，也不可过轻，在保证孩子自尊心不受到伤害的同时，还要使自己的批评之言能起到警醒的作用。

# 千万不要给孩子贴"标签"

正所谓，没有教不好的孩子，只有不会教的父母。父母否定孩子，骂孩子是"笨蛋"，无异于给孩子贴上了负面标签，这种行为会深深地打击孩子的自信心，将本来的好孩子变成真正的差孩子。

萌萌从小性格内向，不爱言语，但很听爸爸妈妈的话，是父母眼中的乖孩子。爸爸妈妈对他的期望很高，给他报了各种补习班和兴趣班，希望他能成为同龄孩子中的佼佼者。在学习上，萌萌很努力，上课认真听讲，也主动写作业，但成绩却很差，是班级里的倒数。

对于萌萌的成绩，他的父母很忧心，看着不及格的数学试卷，萌萌爸爸十分生气，他指着儿子的鼻子，愤怒地说："你怎么这么笨，除法都学多久了，100除以25还会错吗？"

为了让萌萌提高成绩，萌萌的父母开始轮流给孩子辅导作业，结果每次两人都被弄得十分暴躁。一次，妈妈让萌萌背诵乘法口诀表，萌萌背了一遍又一遍，但每次都错，妈妈十分着急，禁不住大声抱怨道："笨死了，这口诀多好记，你怎么总是记不住，你是不是没长脑子啊！"

听到妈妈的数落，萌萌难过地流下了眼泪。其实，他已经不止一次听爸爸妈妈叫他"笨蛋"了，而且他的爸爸妈妈还总是和小区邻居、亲戚、同学爸妈说他笨，他已经成了大家眼中名副其实的笨孩子。

后来萌萌想，既然我天生就是"笨孩子"，那么怎样努力也学不会了。萌萌开始自暴自弃，上课三心二意，做作业也不积极，后来考试直接掉到了班里的最后一名。萌萌的父母和老师都非常头疼，不知道该怎么办。

从上述事例中可以看出，萌萌学习的积极性是被父母一点点打击掉的。萌萌原本有学习的自觉性，但可能因为学得慢而成绩差，此时父母需要做的是耐心指导，而不是一味打击。如果父母给孩子贴上"笨蛋"的负面标签，那么孩子很容易就会接受这样的标签，进而失去自信心，失去努力的斗志。

玛利娅·蒙台梭利是意大利著名的医学博士、幼儿教育家，她创造了蒙台梭利教育法，并在罗马建立了一所特殊儿童学校。这所学校招收的都是一些被人称为"弱智"的低能儿童，蒙台梭利相信通过正确的教育，这些孩子是可以获得进步的。最后，她如愿以偿，孩子们都顺利地通过了公共学校同龄儿童的同等水平考试。

可见，即使是先天智力不足的孩子，也能通过教育变得更好，所以，即使你的孩子学得慢，也不要轻易就给他贴上"笨孩子"的负面标签，要正视孩子的不足，耐心地引导，让孩子一点点进步。

必须看到，给孩子贴负面标签对孩子的身心健康是十分有害的，当孩子被贴上负面标签后，心理上就会蒙受阴影，变得自卑和敏感，严重者可能会患上心理疾病，出现厌学、逃学等行为。这绝对不是危言耸听，现实中就有学生因为老师的羞辱而逃学的事例，学生心理脆弱是一个原因，但最主要的原因是老师戳痛了他的自尊心，这与给孩子贴负面标签是一个道理。

一项心理研究指出，骂 13 岁以上的孩子"笨蛋""白痴"，比让他们面对失败更加痛苦。有些父母脾气暴躁，经常凶孩子、骂孩子，且言语刻薄，根本不考虑孩子的感受，甚至常常做出"你真没用""真没出息"之类的负面评价，殊不知，这些讽刺对孩子来说是致命的伤害。对于孩子来说，这些负面标签可能会一直出现在他（她）的脑海里，当他（她）面临新的难题和挑战时，这些负面标签会成为他（她）前进的阻碍。所以，不要给孩子消极的暗示，更不要一次又一次地打击孩子，要给他（她）积极的暗示，让他（她）变得自信、乐观，这样他（她）才能拥有强大的内心，迎难而上，笑对风雨。

第七章

# 社交能力很关键，
# 鼓励孩子走出去

# 擅长交际的孩子，成功快人一步

在农村长大的丽莎，被父母带到省城来读书。她在农村时始终都是第一名，但是到了这所市里的重点中学才发现，自己的"对手"们都太强了。第一学期期中考试，丽莎在班里的五十多名同学中考了第四十名。从每回第一，到一下子变成倒数，这种巨大的落差让丽莎一时间很难接受。更让她无法接受的是同学们异样的眼光。丽莎的打扮不算时髦，同学们觉得她有点儿"土包子"，不愿意与她交流。

这样的状况很容易让一个女孩变得沮丧甚至自卑，但是，丽莎不是一般的女孩。在农村时，丽莎总是一大群女孩的中心，因为她的交际能力非常强，大家都很喜欢她。到了陌生的环境中，丽莎只是需要一个融入的过程而已。很快，她的交际能力就显示出了"威力"。她不厌其烦地向老师、同学请教问题，她嘴很甜，人又聪明，总是一点就通，让教她的人很有成就感。这样的孩子，老师自然喜欢，几个经常被她请教的同学也对这个既好学又聪明的女孩产生了好感。当女孩子们组成一个个小群体讨论感兴趣的话题时，丽莎也能巧妙地找到方式加入她们。原来，此前她就认真"偷听"过大家在谈论什么，回到家就认真恶补相关的知识。过了一阵子，再也没有同学当她是"异类"了。就这样，丽莎迅速融入班级之中，成绩也稳步提高了。

卡耐基说过："对成功者来说，交际能力所起的作用是85%，而专业知识只占了15%。"由此可见，良好的人际交往能力更容易使人成功。

孩子有没有好人缘，是否善于跟他人打交道，直接影响他（她）今后的学习和未来的发展。

美国加州大学著名心理学家劳伦斯·哈特做过一项长达10年的追踪调查，来观察一些孩子的交际情况，例如，哪些孩子善于和他人打交道，哪些孩子喜欢独处等。另外，他还跟踪调查了这些孩子的学习情况。

哈特教授发现，那些善于交际的孩子往往拥有较高的智商，在班里的学习成绩比较好。经过认真分析，哈特教授认为，从小善于和他人相处的孩子，既拥有较好的人缘，又可以在跟他人的交往中学到丰富的知识。如果孩子不喜欢和他人交往，过度封闭自己且没有较好的人缘，将很难适应复杂多变的社会，甚至可能形成偏执、孤僻、抑郁等心理障碍。

既然人际交往能力如此重要，父母就应该从小培养孩子和他人相处的能力。让孩子在日常生活中多接触他人，是培养孩子人际交往能力的最好方法。

假如孩子不喜欢说话，父母就多训练孩子跟他人说话的能力。

父母应该在家里有意识地多和孩子沟通，鼓励孩子勇于表达自己的观点。父母还可以在家里举办一些有利于孩子表达的活动，比如，请一些小朋友来家里跟孩子一起进行辩论赛等。

如果孩子害怕见陌生人，父母要经常请陌生人到家里做客，教会孩子如何招待客人。为了让孩子独立和他人打交道，父母要多带孩子外出，给孩子创造机会。如果孩子的年龄较小，可以让他（她）去购买油盐酱醋；如果孩子年龄较大，可以让他（她）去购买蔬菜、水果，选购自己的衣服、鞋子等；家里有什么废纸、酒瓶，可以让孩子拿去废品回收点卖；当孩子不知道怎么到达某个地点时，让孩子主动找路人问路……只要有机会让孩子和他人交流，父母都可以安排。当然，父母不可以强迫孩子做这些事，一定要学会引导和鼓励，否则会引起孩子的反感。

父母可以经常带孩子拜访亲朋好友或者到公共场合游玩，给孩子更多的机会和他人接触，不断提高孩子的交际能力。在孩子小的时候，父母应该带着孩子去；在孩子年龄较大之后，应该鼓励孩子自己去。因为父母不在身边，孩子就必须独自和他人交流，这样更能锻炼孩子的交际能力。

在孩子放假时，父母不要让孩子一直待在家里，要鼓励他（她）出去和朋友玩，多参加一些集体活动。集体活动可以锻炼孩子的胆量，让孩子在人际交往中获得自信。如果假期比较长，父母可以带着孩子到陌生的地方旅游，既能让孩子接触到一些新鲜事，增长孩子的见识，又能在旅途中遇到一些问题，引导孩子去解决，如买车票、门票等。

另外，父母可以传授一些与同学相处的技巧，让孩子获得友谊：在路上遇到同学要主动问好，这样可以给对方留下好印象，有利于打开友谊之门；不要打听别人的隐私和秘密，不要在背后议论他人；为了引起他人的注意，不能采用嘲笑、捉弄的方式；宽容同学犯下的错误，别斤斤计较；在和同学交往时，多关注别人的优点和长处，少炫耀自己的某些特长；在和同学交往的过程中，尽量不要有过多的物质往来。真诚待人，讲信用、不说谎，这些也是收获友谊的"法宝"。

不同的孩子拥有不同的经历、性格、兴趣和能力。因此，父母应该让孩子明白人与人之间必定存在某种差异，要求自己的孩子跟别人的孩子一样是不切实际的。父母还要教孩子正确对待这种差异，不要因为自己不如别人就忌妒、攀比，也不要因为自己比别人做得好就骄傲自大。要想和同学搞好关系，首先要把自己约束好，尽量多关心和帮助别人，少麻烦和打扰别人。如果父母在家里一直宠着孩子，他（她）到了学校就会经常麻烦别人，强求别人听他（她）的话，这样做只会让同学关系变得更糟糕。因此，父母平时就应该注意让孩子养成良好的性格和习惯。

当孩子步入青春期后，通常会对异性产生浓厚的兴趣，父母要意识到这是正常反应。孩子和异性交往其实有很多好处，例如，在和异性的接触中认识到自己的价值，有利于形成正确的自我评价意识；通过了解异性的各种情感增加自己对人的心理的认识等。这些对孩子以后的婚姻有一定的帮助。

所以，父母应该理解孩子和异性交往的行为，给孩子提供一个相对宽松的交往环境，科学地引导孩子跟异性交往，让孩子把握好自己的人生。在孩子和异性交往前，父母应该让孩子学会客观地认识自己，对自己充满信心。在孩子和异性交往的过程中，父母要引导孩子不要限定交往对象，让孩子树立正确的和异性交往的观念。引导孩子处理好与异性交往的关系，也能提高孩子的人际交往能力，这也使孩子离成功更近一步。

# 要鼓励孩子多和朋友交流

每个人的童年都是美好的，为人父母的我们也不时会回忆起童年的趣事以及儿时的朋友。童年时期的朋友让我们收获了最纯真的友谊，即使长大后我们也依旧将其视为自己最宝贵的财富。父母自身的经历足以证明：孩子需要朋友，孩童时代的友谊同样珍贵；缺失朋友的童年是孤独的，缺失朋友不利于孩子的身心发展。

因此，父母应当珍视、赏识和尊重孩子的朋友，让孩子在收获友谊的同时养成团结友爱以及互帮互助的美好品质。

有这样一个案例：

小倩的好朋友霞霞常常来小倩家玩。可是，每次霞霞走后，家里都会变得十分杂乱，玩具摆得到处都是。一次，爸爸对小倩说："霞霞每次来家里，都会把屋子弄得乱糟糟的，这种孩子太不讨人喜欢了，你千万不要跟着她学。"爸爸的这番话令小倩很不高兴，她皱着眉头对爸爸说："你不可以这样说我的朋友！"说完就满脸愠色地走出了房间。

过了两天，霞霞又来找小倩玩，爸爸立即喝令小倩不许开门，门外的霞霞隐约听见了屋内的对话，委屈地走了，从此再也不来找小倩玩了。

小倩为此伤心了很久，还好长时间不理爸爸。

还有一个案例：

宁宁有个坏习惯，就是总把自己的物品胡乱摆放，结果到用的时候就很难找到。后来，他认识了小区里一个叫珊珊的小女孩，两个人在一起玩得很开心。宁宁的妈妈发现珊珊很爱整洁，总是将自己的物品摆放得整整齐齐。

一次，妈妈问宁宁："你和珊珊是好朋友吗？"宁宁回答："是啊！""好朋友之间应当互相学习，你看珊珊多么爱整洁，她的物品从来都是井井有条的，你能做到吗？如果你做不到，以后珊珊可能就不再和你做好朋友喽。"

没过多久，宁宁果然将乱摆乱放的坏习惯改掉了，把自己的物品收拾得整整齐齐。

由以上两个案例可以看出：父母赏识和尊重孩子的朋友，支持孩子的社会交往，不仅能够让孩子感受到父母对他（她）的尊重而更加信赖父母，还能促使孩子与朋友和谐交往，促进他们互相学习，共同进步。

尊重孩子的朋友对孩子的成长还有很多好处：

第一，通过对孩子朋友的优点表示赏识，促使孩子主动向朋友学习，不断完善自己。

第二，孩子能够在与朋友交往的过程中增强社交能力。

孩子们在玩游戏时，通常用出手心或手背的方式来决定"警察""小偷"等的人选。这是一种简单的机会均等的民主手段，可以让孩子建立基本的公平意识。孩子们经常玩"过家家"的游戏，每个孩子分角色演绎家庭生活中的点滴小事，比如买菜、煮饭、睡觉、串门、走亲戚等。这是成人社会现象在孩子社会中的折射，"过家家"的游戏能让孩子增加社会知识，锻炼孩子的社交能力。

第三，孩子能够通过与其他孩子的交往培养出群体意识，从而克服自身过强的个体意识。朋友之间的群体活动能够使孩子改掉自私自利的坏毛病，促使其遵从群体活动规则，认识到人人都是平等的。如果只为自己考虑，就会遭到朋友的排斥，不会再有人和他交往，这会促使孩子最终向群体规范"举白旗"。"合群"是孩子应该具备的一项重要的品质和能力，这不是父母能够以口相授的。

因此，父母应当支持孩子多交朋友，并对孩子的朋友表示赏识和尊重，促进孩子友谊的发展。

当孩子交到朋友时，父母要及时发表正面的评价，比如："真高兴你交到了新朋友，你的朋友看起来很优秀，你们要互相关心，互相学习。""听说你最近交了一个很出色的朋友，她都有哪些优点呢？"

如果孩子尚未交友，则应为孩子寻找交友渠道。比如鼓励孩子和小区里的小朋友一起玩，教会孩子与新朋友分享玩具等，并适时地了解孩子与其他小朋友交往的情况，帮助孩子分析并做出选择。

除此之外，要热情邀请孩子的朋友到家里来，并把孩子的朋友当作自己的朋友来对待。当孩子的朋友来到家里时，父母应该说："我们的好朋友来啦，欢迎欢迎！"或者"我的孩子能交上你们这样的朋友，我真是太高兴了！"鼓励孩子热情接待他们，同时把你对孩子朋友的支持和赏识在他们面前表现出来。

# 提升孩子的表达能力，让他受益终身

心理学家大卫·格利蒙特进行了一项研究，由此他发现患有注意力涣散症的孩子虽然总喜欢说个不停，但都无法找准话题，也不能尽快对其他人的话做出反应。由于说话技巧等社会技能的欠缺，有50%~60%的注意力涣散症患儿都曾被同伴厌弃。在这些被厌弃的儿童中，大部分都会因此变得更加悲观或霸道，更加以自我为中心，进而引发更严重的问题。

格利蒙特发现，在这些孩子尝试着去认识新朋友时，他们的缺点就表现得尤为明显。他们想要加入其他孩子的活动，却用错了方法。通常来说，孩子们如果想要加入陌生的小伙伴的游戏时，会先在这些小伙伴身边徘徊，装作是因为别的事情才注意到他们的样子，然后用提问或评价的方式来打开话题，比如"你们在玩什么？看上去很有意思""哇！你怎么这么厉害"等。而患有注意力涣散症的孩子却与此不同，他们的言行举止往往是突兀的、以自我为中心的、让人产生反感的，他们可能会说"这个游戏应该这么玩""我玩得比你强多了"等。游戏中的孩子们听到这样的话，一般都会不予理睬或者反驳回去，他们不喜欢这样的语气。由此不难看出，缺乏表达技巧的孩子大多无法赢得他人的喜爱。因此，父母应当注意培养孩子的口语表达能力。

想要让孩子拥有良好的口语表达能力，需要对孩子进行训练，与家人对话则是最好、最便捷的训练方式。但是，许多家长觉得自己无暇与孩子们交谈。其实，父母们工作虽然忙碌，但想要抽出一点时间与孩子进行交流并不难。有的父母会选择在睡前与孩子交心，有的父母会在吃饭时与孩子聊聊最近的情况，还有的父母会在周末时与孩子一起去散步，一对一地交流。

对于那些口语表达能力欠佳、不擅长与人交往的孩子，父母应该更有针对性地对其进行指导与沟通，比如孩子感兴趣的玩具或电视节目等，让孩子根据这些事物展开话题，并引导孩子尽量延长谈话时间。

倘若孩子非常抵触进行谈话方面的训练，父母可以换个角度，选择和孩子讨论他（她）感兴趣的事情，并让孩子根据表现来给自己打分，父母最后做出总结。另外，父母要起到榜样作用，引导孩子说出自己的想法，勇于与家长交换意见。

一般来说，倘若孩子在众人面前发言时表现得思路清晰、从容不迫、口齿清楚，一定更会赢得大家的喝彩。但是也存在这样一类孩子：他们在和同学交流时表现得很自然，可是一到课堂上需要回答问题时就畏畏缩缩，更不要说上台讲话了。不仅如此，他们还可能不愿意见陌生人，家里一来客人就会立即躲回房间……这样的孩子是迫切需要进行表达能力的锻炼的。

那么，父母应当如何培养孩子的口头表达能力呢？

**1. 教育孩子说话应当条理清晰，不要颠三倒四**

说话的目的就是让对方知道自己的想法，倘若话语颠三倒四、东扯一句西扯一句，不知所云，那么对方怎么能知道你要表达什么呢？因此，说话时做到条理清晰，就能更容易让对方听明白，达到交流的目的。

怎样才能逻辑清晰、条理有序呢？家长可以让孩子按照事情发展的先后顺序来描述整件事，如果描述的是孩子自己做过的一件事，就可以让孩子按照首先做了什么，其次做了什么，后来做了什么，最后有了怎样的结果的顺序说。除此之外，还可以按照方位、空间的转换顺序说，或是按照先总后分的顺序说。总之，说话要有一定的顺序，要条理清晰。

**2. 教育孩子说话应当言之有物，不要过于空洞**

"言之有物"的意思是指语言表达要有实际内容、较为具体，少说空话、废话。

那么，怎样说话才能言之有物呢？

例如，在表达喜悦之情时，与其说："我今天特别开心。"不如将原因一起说出来："我这次考试取得了年纪第十名的好成绩，觉得开心极了！"

这天，小杰放学一回到家就对着妈妈大声喊道："妈妈，我今天可高兴了，咱们晚上吃可乐鸡翅庆祝一下吧！"

妈妈被小杰的话弄得一头雾水，还以为是孩子自己想吃可乐鸡翅而随便找了个理由。于是妈妈问道："小杰，你要庆祝什么事啊？"

妈妈这一问可打开了小杰的话匣子："今天我们班的同学都可高兴了，明明还兴奋地围着教室跑了好几圈，不过幸好老师没看到，不然准得说他……"

小杰说了五六分钟也没说出到底发生了什么事，妈妈只能在他滔滔不绝的话语中赶紧插了一句："小杰，你还没告诉妈妈，究竟是什么事让你这么高兴呢。"

小杰根本没意识到自己一直没有说出重点，还反问说："我没说吗？这次我们班在'全校创意大赛'中得了第一名呢！六年级的大哥哥、大姐姐们也比不过我们，哈哈！"

其实交代清楚这件事只需要短短的一句话、几秒钟而已，可小杰却用了五六分钟，这五六分钟的话语虽然不全是废话，但也让听的人觉得很茫然。

### 3. 教育孩子说话应当言之有理，具有说服力

"言之有理"的意思是说话时要突出中心思想，有自己的见解与主张。在与他人辩论时，这一点就更为重要。

另外，若是回答问题，就要听清楚问题的内容，然后用精练的语言进行回答，不能驴唇不对马嘴，弄得所有人都糊里糊涂的。

### 4. 让孩子练习在众人面前发言，不要怯场

在众人面前发言是需要一定的胆量的，所以如果孩子不敢当众发言，应当鼓励、安慰孩子，帮助孩子树立起自信，让其有勇气面

对观众，千万不能过于急躁。

良好的口才是当众发言的必备条件，反过来，让孩子练习当众发言，也是在锻炼他的口才，因此，父母可以多让孩子尝试当众发言。

在具体要求上，父母可以要求孩子在当众发言时做到清晰、明确地表达自己的见解，声音洪亮，吐字清晰，语速适中，语调有适当的变化，避免过于口语化。

另外，仪态要落落大方，要减少小动作，要与观众有情感、眼神的交流，不能浑身僵硬。

总之，在日常生活中，父母应当鼓励孩子多表达、多说话，让孩子能够独立思考，这样才能让孩子的口语表达能力得到提高。良好的口语表达能力是孩子今后解决众多难题的有力武器。

# 孩子不再害羞，才能交更多朋友

生活中有很多孩子都会出现这种行为：在家很活泼，爱动爱玩，但一到了外面就变得内向了，不仅不爱说话，还总往父母怀里靠。遇到长辈，不打招呼，遇到其他小孩，也不主动和人家玩儿。

很多家长都抱怨孩子不懂礼貌，但事实上，这是孩子的一种害羞心理，是孩子缺乏勇气的表现。

一些家长对孩子的这种害羞行为并不在意，但其实过分害羞不利于孩子的身心发展。心理学家指出：害羞的孩子会因为缺乏与他人交往的勇气而轻易地否定自我，遇事不敢争取，渐渐会变得越来越内向，不被人关注，因此也会丧失很多机会。

小志 5 岁时，妈妈将她送到了幼儿园。但小志紧紧抓住妈妈的衣角，不让妈妈离开。幼儿园老师笑着对小志说："小志，你看，这里有好多小朋友，你可以和他们一起玩儿。"

小志摇摇头，还是不放开妈妈的衣角。

幼儿园老师又说："小志，在那个小屋里有好多玩具，你看那边，还有秋千和滑梯，和姐姐去玩儿好不好？"

妈妈也说："宝贝，你不是最爱荡秋千吗？"

小志看了看秋千，但依旧没有迈步。

之后，幼儿园老师和其他小朋友做起了游戏，妈妈又鼓励小志去加入他们，但小志只是静静地看着。

那天，妈妈在幼儿园陪了小志一整天，小志一直和妈妈待在一起，并不和其他小朋友玩儿。

之后的每一天，妈妈将小志送到幼儿园就离开了，想着让小志自己去适应一下新环境。结果老师说，小志每天都自己一个人待在角落，像是害怕其他孩子似的，别人找她玩儿她也不去。

面对小志的情况，幼儿园的老师和妈妈都一筹莫展。

小志这种情况已经属于严重的害羞表现，如果不加以引导，小志就会变得越来越不合群。长大后，将很难融入社会。

荀子曰："人之生也，不能无群。"意思是说，人要通过交往，才能建立和谐的人际关系，才能适应社会生活。

心理学家也指出，人际交往是一种基本智能，而且儿童早期的人际交往技能和交往状况往往会影响到其未来的人际关系。

由此看来，在幼儿时期就要注重培养孩子的人际交往的能力，不能对孩子的害羞心理视而不见，要鼓励孩子多去与别人交往。

孩子害羞的原因并不是完全相同的，有多种因素会造成孩子怯懦和害羞的心理。只有充分了解孩子害羞的原因，才能帮孩子走出心理障碍。具体来看，孩子羞怯、不敢和他人交往主要有以下几个原因。

### 1. 身体因素

有的孩子生来就与其他孩子不同，可能身体某个部位存在缺陷，所以这类孩子容易敏感，会因为自卑而变得羞怯，不愿与人交往。

### 2. 性格因素

有些孩子天生性格内向、孤僻、胆小，害怕与人交往，喜欢一个人独处。

### 3. 环境因素

在不同的文化环境中，孩子的心理状态也不一样，如中国的孩子比美国的孩子更害羞。

在不同的家庭氛围中，孩子的心理状态也不一样，如家庭和睦，父母性格开朗的家庭，孩子也比较活泼；而家庭冷清，父母过于严肃的家庭，孩子就可能偏内向。

### 4. 教育因素

有些父母在教育上偏于严苛，所以孩子往往不敢表达自己的意见，甚至会变得沉默寡言。

有些父母在教育上偏于感性，容易溺爱孩子，造成孩子过分依赖父母，而变得缺乏勇气不敢独自面对挑战，久而久之，就会对自己的能力产生怀疑，而变得羞怯。

### 5. 失败因素

俗话说："一朝被蛇咬，十年怕井绳。"有些孩子不能正确面对失败，失败后会变得沮丧和抑郁，不敢再尝试和挑战。因失掉了自信，而变得胆小、害羞；因产生了恐惧心理，而变得容易退缩。

父母帮孩子克服害羞心理，可以从以下几个方面来尝试。

### 1. 接受和鼓励孩子

父母要接受孩子害羞的性格特征，但不要认为孩子的性格就定型了，不可改变了。害羞的性格完全可以改变，只要父母能找对方法。

严格来说，害羞并不属于疾病，只是缺乏勇气的表现，对社交会有一定的影响。父母可以尝试让害羞的孩子自己去做一些简单的事情，引导孩子去接受小朋友的邀约，随时随地鼓励孩子，帮孩子树立自信心。

### 2. 帮孩子创造交往的机会

越是不敢与别人交往的孩子，父母越要帮孩子制造交往的机会。比如，父母可以和有孩子的邻居时常走动，带孩子去邻居家拜访，让自己的孩子与邻居的孩子一起玩耍。

### 3. 通过游戏了解孩子

针对幼小的孩子，父母可以通过做游戏的方式来探听孩子的心理。比如，孩子五六岁，不爱和小朋友玩儿，父母可以买一些戴在手上的人偶，来扮演其他小朋友，问一问孩子，为什么不想与别人玩儿，让孩子主动说出内心的想法。

### 4. 通过讲故事启发孩子

孩子都喜欢听故事，无论是童话故事，还是寓言故事，其中一定有关于自信心的故事，父母可以通过讲故事的形式来启发孩子。

比如，孩子因为身体缺陷而闷闷不乐，那么父母可以给孩子讲一讲丑小鸭的故事，让孩子摆脱自卑心理。

在保护孩子幼小心灵的同时，父母要尽力去改变孩子的害羞心理，但切记要注意方式方法，方法不当，不仅得不到良好的效果，还可能给孩子造成其他心理伤害。

# 孩子孤僻，不利于身心健康

活泼好动本来是孩子的一种天性，可是随着城镇化的发展，越来越多的孩子住进了高楼大厦，生活在相对闭塞的环境中。为了让孩子快乐地成长，紧跟现代化潮流，家长给孩子买了很多玩具、乐器和电子产品。家长的想法是好的，但是孩子每天局限在狭小的空间里，没有足够多的外出机会，不经常和其他孩子来往，甚至连接触花草树木、阳光雨露的时间都没有了，很容易养成孤僻的性格。

子睿刚进入幼儿园时，上课或者玩耍都是一个人，表现得很不合群。后来，幼儿园换了新老师，还来了很多陌生的小朋友，这让本来就不合群的子睿感到更加不适应。他的情绪变得急躁，经常到处乱丢书本和玩具，还在教室里乱跑乱跳，老师批评他也没有用。

下课之后，子睿总是第一个冲出教室，兴奋地在草坪上乱跑或者在人群中乱窜，老师很难追上他，而且他还越跑越快，除非撞到别人或者跑累了才肯停止。

幼儿园老师认为子睿有些孤僻，就向子睿的爸爸了解情况。经过一番详谈，老师找到了子睿性格孤僻的原因：子睿的爸爸是某公司的总经理，每天工作都很忙，所以子睿从小跟着奶奶生活。奶奶腿脚不灵便，怕子睿在街上乱跑发生危险，总是把他关在家里。久而久之，子睿就变得孤僻起来。

如果不能及时改变孩子孤僻的性格，他长大之后就难以和他人相处，也不会有好的人际关系。孩子早晚都要步入社会，接触更多的人和事，如果他连最基本的交往能力都不具备，很难在社会上立足，也不容易在生活和事业上取得成功。

一位心理学家认为，孤僻不利于人的身心健康。他做过这样一个实验：将一张床和各种吃的、玩的放到一个房间，这个房间完全和外界隔绝。他先后请三位大学生在这个房间居住，可是没有一个人能在里面安心睡觉。其中一个人只待了一天就疯狂地敲击墙壁，要求心理学家放他离开。刚从这个房间出来时，这三个人都表现得十分呆滞。他们在外面生活了好几天，仍然没有完全恢复到原来的状态。这个实验告诉我们，如果一个人经常待在封闭的环境里，不与他人接触和交往，将会严重摧残自己的身心健康。

有教育专家指出，独生子女最容易变得性格孤僻。尤其是那些年幼时经常被关在家里，不怎么和外界接触，很少和同龄人交流、玩游戏的孩子。他们在家里受到过分的宠爱，父母几乎代劳了所有事情，一旦独自步入社会，他们就会感到恐慌和不知所措。他们拒绝适应新环境，常常把自己封闭起来，逐渐养成了孤僻的性格。

性格孤僻的孩子缺乏自信，由于不经常和同龄人交往，很多知识和技能都无法掌握，与别人相比就会感到自卑。自卑的孩子往往有畸形的自尊心，害怕别人指出自己的缺点，对别人的话感到非常敏感。这样的孩子心情压抑、内心痛苦，不善于表达自己的真情实感，长此以往，不利于养成健康的心理和性格，更有可能诱发各种心理疾病。

造成孩子孤僻的原因是多方面的，例如，有的孩子天生性格内向、文静；有的孩子的家庭环境不太好，受过严重的刺激、伤害；有的孩子本来活泼开朗，后来因为经常和一些内向、不爱说话的人待在一起，反而变得孤僻起来等。

要想帮孩子消除孤僻性格，融入集体是最有效的方法。孩子可以在和他人聊天、玩游戏等过程中消除内心的孤独，与他人接触和交流的次数越多，就越能在集体环境中收获快乐，自发地开始喜欢和别人交往。

父母可以参考以下几种方法，消除孩子的孤僻性格。

### 1. 为孩子创造良好的家庭氛围

家庭不和睦，父母经常争吵，往往使孩子很难得到足够的关爱，容易被怒火中烧的父母伤害，因而形成了孤僻的性格。爸爸应该和妈妈互相尊重和理解，不在孩子面前争吵，共同营造良好的家庭氛围，让孩子潜移默化地学会和他人融洽相处的方法。

### 2. 为孩子创造交往的条件

交往是人类生存和发展的需要，孩子的健康成长离不开交往，也离不开朋友。在和他人交往的过程中，孩子可以逐渐克服自卑、自负、害羞、孤独等不健康心理，还可以不断认识和发展自我。英国哲学家培根说过："除了一个真心的朋友以外，没有任何药剂是可以通心的；缺乏真正的朋友才是最纯粹、最可怜的孤独。"因此，父母应该鼓励孩子主动和他人交往，有意识地让孩子摆脱封闭的状态，走出孤独的圈子，在接触别人的过程中克服胆怯和自卑的心理，消除孤僻的性格。如果身边没有适合孩子交往的对象，父母可以邀请孩子的同学来家里玩，或者带孩子到同学家里玩，积极地为孩子的交往创造条件。

宇轩家住在 20 楼，爸爸怕他一个人下楼玩不安全，所以不让他离开屋子。久而久之，宇轩习惯了一个人在家里玩耍，甚至不停地自言自语。随着年龄的增长，爸爸越发觉得宇轩变得和其他孩子不一样了。爸爸主动提出带他参观动物园，宇轩竟然不乐意去，还说不如看电视上的动物。爸爸带宇轩到公园玩，那里有很多像宇轩一样大的孩子聚在一起玩耍，可是他却一个人坐在椅子上发呆。后来，隔壁搬来了新邻居，邻居家有一个和宇轩年龄相仿的小朋友。宇轩的爸爸觉得这是锻炼孩子的好机会，就让宇轩到邻居家里玩。可是小朋友的妈妈担心孩子们弄脏了刚刚装修的新家，便不让宇轩在她家玩。于是，宇轩的爸爸便邀请小朋友到自己家里玩，还经常给他买好吃的、好玩的，邻居家的孩子非常开心，经常来找宇轩玩。渐渐地，宇轩变得活泼开朗起来，也敢主动找公园里的陌生小朋友玩耍了。

### 3. 多和孩子交流

有些父母一天到晚都在忙，很少主动和孩子交流，这让孩子觉得非常孤独。还有些父母在外地工作，带着孩子很不方便，就将孩子托付给爷爷奶奶或姥姥姥爷照顾。老人和孩子存在巨大的年龄差，缺乏交流的话题，而且很多老人本身就有孤僻的性格，孩子和他们待在一起只会越来越不爱说话。父母应该多和孩子交流，哪怕每天抽出半小时让孩子讲讲当天的趣事，或者给孩子讲讲自己的所见所闻，这样做既能锻炼孩子的思考和表达能力，又能让孩子远离孤僻。